直说

中国在发声

《直播港澳台》节目组 / 编

中国人民大学出版社

· 北京 ·

编 委 会

编者的话

在当今的国际关系学界，“美国学派”占有强势地位。一方面，美国学者阵容强大，群星璀璨；另一方面，美国尤其注重理念、学说、价值观的传播，通过话语权，不断包装、推广美国的价值观。在强势媒体平台上，美国学者的声音得以放大，影响力得以提升，整个后冷战时代的国际图景，甚至经他们而描绘。而曾经有实力与美国学派分庭抗礼的苏联国际关系学派，则随着苏联的解体、俄罗斯的困顿一度消沉十余年。俗话说：“只有强国才有外交。”进一步说，强国才有话语权，强国才有“国际关系理论”，强国的学术机构才能阐释当下的国际格局。

中国国际关系学界，其实也是人才辈出。新中国成立以来，中国好几代学者投身其中，他们在国际政治、理论分析、国别研究、全球治理等领域作了深入的研究。从大国间的博弈或平衡，到某个小国的概况，多个领域都有建树。中国外交的每一次落子，崛起之路的每一步，都与他们的研究息息相关。他们是学术圣殿诚恳的建设者，也是大国崛起的探路人。虽然他们一直在建构有质量的话语体系，但是由于种种原因，并未能响亮地发声，亮出中国的国际关系理论，甚至国内很多民众对此也并不了解。

在联合国大会、G20 国际峰会等多个外交场合，我们都发现，各国代表非常重视中国的表态。由于中国经济的快速增长，“中国模式”引起了全球热议。根据国际组织测算，中国是G20全面增长战略的最大贡献者之一。因此，“中国会说什么”成为各国领导人的普遍期待。这时，中国需要大胆地说出对当下世界困境的看法，说出自己对国际新秩序的构想，说出对“中国梦、世界梦”的抱负和追求。当期待的目光投向中国，中国必须利用好这个时机，占据制高点，掌握主动权，提升自己的国际议题设置能力、组织操作能力，建立话语优势。“向世界说明中国，让世界了解中国”，也是更好地维护文化主权、国家利益。这也是难得的机遇：回想1919年巴黎和会之时，中国积贫积弱，国际空间尚且有限，即使是战胜国，也为列强所凌辱，谈何话语权？今天能获得“发声”的机会，也与我们国运大幅提升、地位今非昔比密切相关。

有了发言的机会，那该怎么说？“话语权”的建设，是构筑软实力的重要一环。恰到好处的一句表态，能促进中国形象的树立、中国软实力的传播，甚至还能促进外交问题的解决。这也就是我们深圳卫视《直播港澳台》系列节目的使命，也是节目组编撰此书的初衷——与官方话语共同建构中国的话语系统，让中国更好地发声，亮出中国的国际关系理论体系。您手中这本《直说：中国在发声》，或许能让读者诸君从中获得不一样的收获，体会到看中国、看世界的不同方式与角度。

本书按照全球地缘政治划分，撰文的各位作者，都是相关领域的专家。他们均与我们制作的电视新闻节目有过交集，或是受访对象，或是座上嘉宾。遍及国际政治、经济、军事等多个涉外领域，除了中国的学者、媒体专家外，还有国外的学者、领导人，参与了稿件的编写。

本书执行主编为马立明。高伏曦负责第1章和第5章的约稿和编辑工作。蒋斐滢负责第2章与第4章。刘立平、刘桔红负责第3章和第6章。丁蓁蓁负责嘉宾资料收集。刘立平负责全书的大部分校对工作。

序言：让世界倾听中国声音

王京生

一

21世纪以来，中国特色新型发展道路和核心价值构建逐步深化，推动综合国力不断增强和国际地位不断提高，使国家文化主权在世界范围内得到不断拓展和提升，也受到世界各国尤其是西方世界的广泛关注。

与一个国家的领土主权、政治主权、经济主权一样，文化主权也是国家主权的重要组成部分，越来越受到人们的重视。文化主权有自己的相对独立性，它是一个民族、国家拥有的集体文化权利，是一个民族尊严和自我认同的必要依归。只有独立的民族意识觉醒，才能有与之伴生的文化主权感。文化主权的提出主要来源于两个方面：外部的世界大环境以及中国自身的发展状况。

首先，文化主权的兴起来源于全球化浪潮的影响。经济全球化使得世界各地无时无刻不发生联系，每个民族的文化都自觉或不自觉地卷入全球化浪潮。全球化对传统的国家主权产生了巨大影响，也在文化主权上留下了深刻的印记，这一普遍性影响引起了人们对本民族文化及其世界影响和地位的文化焦虑，世界各民族都会面临和提出文化主权问题。

随着经济与文化的一体化日益发展，国家核心价值的渗透都是以文化产品、信息传播等方式来进行的。在国际关系中，规则和标准的制定通常会不自觉地按照话语权的大小行事。事实上，在追求开放国际市场的同时，某些西方国家作为全球化的推动者和主导力量，在追求开放国际市场的同时，致力于西方政治和文化价值的推广，通过改造大众意识来建立文化支配权，把经济全球化变成一场文化扩张运动。比如，西方发达国家通过电影、广播电视节目、流行音乐、新闻出版物、游戏软件等强势文化产品出口和信息传播等方式，推广其生活方式、行为准则和价值标准，从而达到不断扩大文化话语权和主导权的目的。根据莱斯特·布朗的世界观察研究所发布的世界发展状况报告，全球一体化正在造成一个 20∶80 的人类社会，即世界上大约五分之一的最富裕国家决定着全世界84.7%的社会总生产，占据着世界贸易总额的84.2%、世界各国国内储蓄额的85.5%。这些最富裕国家，在政治、经济、文化领域，不断扩充自己的话语权，最大限度实现本国本民族的政治、经济、文化诉求。

文化支配权的建立导致世界文化存在着同质化的趋势，必然也带来了民族文化的焦虑。同质化是对文化多样性的根本否定，是对各具个性的民族文化的摧毁，更是对国家文化主权与文化安全的侵略甚至颠覆。即使是作为发达国家的法国，面对美国的强势文化，也产生了危机意识，最早提出“文化例外”和“文化多样性”，认为文化涉及国家主权，必须加以保护而坚决反对把文化列入一般性服务贸易。

伴随全球化的推进，世界各国开始有意识地捍卫民族文化的自身价值，重新塑造自己的文化主体性，努力增强本民族的文化自觉意识。因此，在世界全球化的语境中，我们必须正视中国的文化身份问题，否则中国文化会被西方思想淹没，这是我们提出文化主权的基本出发点。在现代化、全球化的背景下，文化主权承担了中国文化自觉、文化自信的历史使命。

其次，中华民族伟大复兴的现实要求文化主权的张扬。我们注意到，发达国家很少提文化主权，甚至有一些西方学者也不承认文化主权的存在，这是因为他们今天已经享有当然的话语主导权和传播主导权。在中国提出和张扬文化主权，是因为作为一个崛起的大国，如果在世界上没有文化主权，没有自己的声音，那么这种崛起就是不完美的，甚至在某种意义上不能称为真正的崛起。经济并不是决定一个民族崛起、强大的最终和唯一因素，更为重要的是其文明和文化尊严在世界能够得到认可和尊重，以及文化话语权在国际上具有影响力。因此，包含文化尊严、文化话语权等在内的文化主权的张扬，是民族复兴、国家崛起的核心要素和最持久、最深层的力量。

大国崛起的重要标志是文化崛起，中国崛起在最终意义上是文化的崛起，是中华文明的伟大复兴。可以说，文化话语权关系着中国在世界文化格局中的定位，关系着我国的国际地位和国际影响力，也关系着中华民族伟大复兴中国梦的实现。伟大的复兴需要伟大的文化，中华民族的伟大复兴，不仅仅是经济的腾飞，更重要的是中华古老文明重新焕发生机，以新的姿态和形式走向世界。

改革开放以来，中国经济改革与发展创造的"中国奇迹"，引发和推动了人们对文化主权的日益重视，逐步构建起文化的主权体系、话语体系和传播体系。特别是党的十八大以来，中国更是以鲜明的文化主权主张，让世界刮目相看，日益形成了中国更加和平、合作、开放和负责任的鲜明国际形象。这是中国大国崛起的必然，是文化自觉的高度体现，更是拥有几千年历史的中华文明所展示的强烈文化自信。

张扬中国的文化主权，核心的内容是传播中华文明，告诉世界"我们主张什么"，并以中华优秀价值引领世界，创造一种"和而不同""协和万邦"的理想局面。正如习近平主席所指出的，中国人自古就推崇"亲仁善邻，国之宝也""国虽大，好战必亡"等和平思想，蕴含着天人合一的宇宙观、协和万邦的国际观、和而不同的社会观、人心和善的道德观，这些在今天依然是中国处理国际关系的基本理念。

中华文明复兴的一个重要内容，是在世界范围内推广中国的核心价值，并使之得到世界的认可与尊重。比如，深圳原创大型儒家交响乐《人文颂》，承载了这样的期望。这两年，《人文颂》在纽约联合国总部、巴黎联合国教科文组织总部成功演出，还在马其顿、保加利亚以及我国台湾和香港等国家和地区的舞台上奏响华夏正音，唱响世界和平的大同追求。联合国教科文组织给予了高度评价，认为《人文颂》作品不仅体现出中国文化的核心价值，也符合人类的最高准则，与新人文主义内涵、现代价值观都高度契合。这表明，中国文化主权一旦形成，并通过适当方式传播出去，就必定对世界产生巨大影响，抢占文化交流高地，争取全球文明话语权，提升中华文化在世界文化体系中的主导地位。

二

当今世界，国家文化主权的维护和发展，以民族传统文化为支撑、以价值创新为动力、以文化话语权为主要标志。在经济全球化的今天，自我封闭、自说自话的文化传承和文化生产已不复存在，不同文化之间全方位交流、碰撞和融合是发展大势。在这种交流、碰撞和融合中，代表国家文化主权的文化话语权至关重要，这是全球化背景下保证国家和民族主体文化可持续发展的必要条件，舍此不能发扬光大国家和民族核心价值，不能保障民族的尊严和国家的神圣。

文化话语权表征的是对国家利益、民族利益的拓展。文化主权拓展国家利益，任何主权主张实际上都和民族利益紧密相连，维护民族利益，包括政治利益、经济利益、文化利益等，都是通过文化主权拓展国家利益的题中应有之义。以美国为例，之所以经济发达，参与乃至主导各种国际事务都有所谓的“正当性”“唯一性”，与美国建立起强大的话语体系，具有比较完备的文化主权和主张，在世界上具有压倒性的影响力有很大关系。可以说，在国际关系中，规则和标准的制定通常会不自觉地按照话语权的大小进行。

美国等西方国家高度重视话语权，在国际传播格局中占据着绝对的霸权地位。据统计，全世界每天传播的国际新闻中，90%以上由西方四大通讯社（美联社、路透社、法新社、合众国际社）发布，而其中仅有10%～30%的新闻用来报道发展中国家，其中美联社有3 700多名工作人员，为世界130个国家1万多家媒体提供稿件。全球流通的每100本书中有85本、每100小时音像制品中有74小时、每100套电脑软件中有85套，由发达国家流向发展中国家。美国人口只占世界5%，却生产和制作了世界75%的电视节目；好莱坞影片放映时间占全球的50%以上，电影票房占90%以上，这还是各国加以限制情况下的结果。在互联网上，70%以上内容用英语传播，全球互联网服务器内存中，中文信息只占4%（包括新加坡、我国台湾等地），而美国提供的一般信息占80%，服务信息占95%。这里存在着强大的话语落差，也造成了国际上西方“一边倒”的话语优势和支配地位。

文化主权如果得不到张扬，国家利益就会受到巨大损失。譬如“乌克兰危机”中，俄罗斯在国内虽然聚集了强大的民族凝聚力和向心力，但在国际上，受西方话语主导权的影响，俄罗斯的声音几乎没有什么影响，更谈不上“正当性”，被排除在世界主导体系之外，显然与其大国地位不相匹配。有学者指出，俄罗斯最大的失败在于文化主权，在国际事务中缺乏话语权，即使是普京的个人魅力也不能有效解决张扬文化主权的问题。虽然俄罗斯可以通过控制天然气等经济手段让乌克兰“就范”，其强大的军事实力也具有一定的威慑力量，但由于没有强大的文化主权，没有国际话语权，就变成了一个失语的“庞然大物”。可见，经济和军事实力再强大，文化主权如果缺失，也无法弥补因文化主权缺失带来的国家利益损失。

几千年来，中国文化长期处于世界领先的位置，近代遭遇数千年来未有之变局，彻底改写了在世界上的地位。改革开放后，中国经济迅速崛起、政治影响不断扩大，目前已是第二大经济体。但必须承认，中国在文化地位尤其是话语权方面还比较弱势，国家文化主权仍正在建构中，到目前为止并没有产生重大深远的影响，与大国地位尤其是经济地位还不相匹配。例如，对比美国等西方发达国家，中国在文化贸易方面存在严重逆差。据统计，2013 年我国图书、报纸、期刊出口共 2 375.31 万册（份）、8 115.46 万美元，三类进口共 2 361.54 万册（份）、28 048.63 万美元；音像制品、电子出版物与数字出版物三类出口共 12.12 万盒（张）、2 346.96 万美元，三类进口共 28.51 万盒（张）、20 022.34 万美元；在版权贸易方面，全国共引进版权 18 167 种，输出版权 10 401 种。即使在这样处于相对弱势的背景下，中国文化“走出去”的正当性甚至还受到质疑，如孔子学院遭到西方一些国家抵制和排斥，中国文化主权和主张没有得到世界认可，更难谈得上掌握话语权了。

中国能否在文化模式上有自己的建树，向世界提供一种具有普遍价值的道德和文化理念，展示自己的文化力量和文化价值，是对正在兴起的民族伟大复兴的严峻考验。中国的现代化如果不能在文化上为世界文明注入全新的价值理念，提供崭新的文化经验，中华文明复兴就有可能落空，这样的现代化就不能说是成功的。中国的大国崛起，不应只是经济的强大，更应体现为以自己的文化主张建构文化主权，以文化软实力凸显国家话语权，在全球文化版图中重新确立起中国的重要地位，参与世界文化价值体系的建构，为建设“和谐世界”做出应有贡献。

三

习近平总书记强调，“提高国家文化软实力，要努力提高国际话语权”；要加强国际传播能力建设，精心构建对外话语体系，增强对外话语的创造力、感召力、公信力。中华民族伟大复兴，不仅仅体现为 GDP（国内生产总值）的迅猛增长，也不单纯是国家实力的显赫，更重要的是中华文明价值的建构、国际认同的取得。当代中华文明的价值重建，不是古老文明的复归，不是复古，而是在东西文明交融中再造新文明、新价值。因此，必须挖掘传统文化、发展现代文化，并使两者有机结合，共同构筑国家文化主权。新的形势下，如何建构文化主权？

首先，必须注重核心价值观的弘扬。这是张扬国家文化主权的根本内容。核心价值观为文化主权奠定了价值基础。建构强大的核心价值观，是维护和发展国家文化主权的精神支柱。从世界历史发展看，价值观的竞争，是引领历史发展趋势、掌握国际话语权、占领道德制高点。谁有了强大的核心价值，谁就能够创造出代表历史发展方向的政治制度，从而激发出社会无穷的创造力和生产效率。在实践中形成的社会主义核心价值观，是当代中国的精神写照，是人类历史上的新价值观。

在弘扬核心价值观过程中，必须着力避免“自说自话”和“尽说他话”这两种倾向。“自说自话”，就是自己说、自己听、自己学、自己评，许多话语在国内听得懂，放在国际上却叫人听不懂。这样的价值观貌似强大，实际上并没有广泛的影响力和发展的可持续性。“尽说他话”，就是全部模仿、照搬西方的价值观，放弃自己的民族精神，本民族的独立精神得不到尊重和认可，这样也不能张扬国家文化主权。因此，“自说自话”不行，“尽说他话”也不行。

只有在发扬本民族优秀文化的基础上，借鉴西方文明传统，建构和张扬自己的核心价值，把民族精神对接到当今世界的语境和认知习惯中来表达民族的核心价值，才能建构起有生命力和传播力的价值观。党的十八大报告提出“人类命运共同体”的概念，这就是说，一个国家必须培育自己的核心价值观，要有就世界或人类共同面临问题创设观念或话语的能力，没有这样的话语创设能力，我们就很难获得国际社会思想论争的话语权。

其次，必须注重传播能力的建设。强大的传播能力是价值观传播的形式体现，是维护和发展国家文化主权的重要保障。文化传播力的核心是文化话语权。在传播能力的建构过程中，一方面，不仅需要聚集一批在国际上有影响力、公信力的政治家与有国际声望的专家学者，从而赢得广泛的国际认同和学术理解，增强传播的预期性、实效性；另一方面，需要培育和打造一批拥有强大影响力的知名媒体栏目和精品节目，准确把握世界文化脉动，增强文化号召力和文化输出能力。与此同时，还必须强化以互联网思维和互联网方式推进媒体融合发展，加快变革生产和传播方式，大力发展全媒体、融媒体，推动传统媒体和新兴媒体的深度融合，打造一批形态多样、手段先进、具有竞争力的新型主流媒体，形成立体多样、融合发展的现代传播体系。

在这方面，深圳卫视开办的《直播港澳台》《决胜制高点》《军情直播间》《关键洞察力》等一批栏目，在中国热播，深受广大电视观众欢迎。在全国32家省级卫视中，深圳卫视不仅晚间新闻节目播出量名列第一，而且收视率、影响力均名列前茅，在省级卫视中形成了电视新闻的“深圳现象”，是深圳新闻传播的一面旗帜。特别是以《直播港澳台》为代表的系列时事节目，长期关注中国外交动态，汇聚了海内外知名国际问题研究者，紧跟中国对外事务第一线。由于内容深刻、时效性强、不断创新，已成为深圳卫视极具特色的“拳头产品”，收视率长期居于同类节目之首。其之所以成功，正是源于从节目定位、表现形式到制作方式等多方面的创新，以持续创新和精彩创意“传播好中国声音，讲好中国故事”。

在中央有关部门的关心、指导和支持下，深圳卫视尽力提升公民素质养成、推动社会进步，保持着在全国观众中不俗的号召力。随着卫星频道全球覆盖、互联网打破国界，深圳卫视《直播港澳台》等节目在海外也有相当的知名度，成为不少外交机构和国际智库关注的对象。这档节目播出10年来，对中国国际话语体系的建设做出了突出的贡献，“中国声音”在这里得到放大和加强。

呈现在读者面前的这本《直说：中国在发声》，由深圳卫视《直播港澳台》工作团队编写，汇集国内外著名国际问题学者、评论家的思想性论著。本书集中展示了他们关于国际热点问题，包括中美关系、中日关系、中俄关系、中东问题等的精彩观点和独到思考，体现了国际关系学界的学术素养和全球视野。他们对未来趋势的把握，不仅值得国内一般读者一观，同时对于国际问题研究者而言，也有重要的参考价值。

在构建中国话语体系的努力中，《直说：中国在发声》的出版，无疑是一次引人注目的事件。特别是有海外学者、政要加入，比如《江泽民传》作者、美国学者库恩，诺贝尔经济学奖得主迈克尔·斯宾塞，日本前首相鸠山由纪夫等，他们作为资深的中国问题研究专家，站在西方学者视角对中国价值观作了深入观察，并表达了认可。通过《直播港澳台》的平台，他们也成为“中国声音”的塑造者。

构建国家文化主权是一个国家在军事崛起、经济崛起中同样需要重视的重大战略任务。本书也是各种战略思想的集合体，是“全球视野、时代精神、民族立场、深圳表达”的成功探索，既是深圳学派的主张，也是深圳媒体增强国际传播力和影响力的重要责任。伴随中华民族的伟大复兴，中国正迎来一个文化繁荣的伟大时代，“中国声音”已经前所未有地响起，世界将会听到越来越铿锵雄壮的中华民族伟大复兴之声。

（作者系国务院参事，原中共深圳市委常委、宣传部部长）

目录

第 1 章　中国之路

第 2 章　日本观察

第 3 章　聚焦美国

第 4 章 俄罗斯森林

第 5 章 寰宇经纬

第 6 章 国防大议

第 1 章

中国之路

随着经济的腾飞、国力的进步，中国走在崛起之路上，在国际舞台上扮演的角色愈发重要。在外交大棋局上，世界在观察中国，又在期待中国。这个崛起的东方大国，正在谨慎地布局自己的外交方略。正因为外界的充分关注，很多原来不是问题的问题，正在浮出水面，呼唤答案。

是优先发展与周边国家的关系，还是聚焦大国关系？是采用务实主义外交，还是强调大国责任，以“中国价值观”寻求国际社会的共识？中国是需要继续韬光养晦，还是要闪耀登场？21世纪的中国，应倡导一种怎样的国际秩序？中国的软实力，又如何释放？港台两地，又将在我国的国际化之路中扮演什么角色？……

在全球化时代，中国在谨慎地摸索着前行之路。有困惑，更有憧憬。

传统内外的当代中国：对外政策与其中国特性

时殷弘

当代中国就是改革开放以来的中国，改革构成它的最根本特征。从另一方面看，当代中国又是传统之内和之外的中国：它以改革超越了先前的中国传统，但同时又以复杂精致而深刻的方式承继了中国传统，从而是真正有中国特色的。在此，可以选取几个与对外态势和对外政策深切相关的观念和行为特征，指出它们的传统中国特性，并且部分总结和展望中国的国家方向和对外政策方向。

“维护”：保持中国统一完整并稳定繁荣

有一个中心观念——“维护”（用新加坡中国学专家王赓武教授的话说）——深嵌在传统中国的历史和当代中国的改革实践之中。“维护”作为中国漫长历史的主题之一，意味着一项沉重的任务，即保持中国这一巨型国家统一完整，并且稳定和平。在传统中国，它强调的是中国历朝历代如何经受住外族入侵、征服和内部造反，而在当代中国强调的是中国政治领导在这么一种巨大和经久的努力中的坚毅、灵活和才干，亦即尽管有非凡的改革带来的巨大变动，但仍保持国家统一、政体稳定甚而社会繁荣。确实，令人印象深刻的是，在毛泽东时代经受长期教育和熏陶并且在“文化大革命”期间经受重大折磨的一两代人，依然能进行创新性的调整以适应新的挑战，依然能在改革的同时维护中国的稳定和团结。对当代中国的政治领导来说，“维护”的基本含义之一，在于确保包括新疆、西藏和台湾在内的中国边疆地区经久处于中国之内。世界上没有任何人能怀疑在这方面他们的决心和中国人民给予他们的支持。

兴衰循环与审慎、忧患感、勤勉和创新精神

最传统的中国特性之一，是可称为“支配宇宙万物的生物式循环”的理念，加上它传统的政治版本即王朝循环理念，即政治成功和繁荣难以避免地继之以衰落或倾覆。对中国当代政治领导来说，这在他们的心中必定相当重要和适切，特别是考虑到他们自己在改革时代以前的不良治理中的个人经历，连同改革带来的困难的转变的话。中国共产党领导人深刻认识到，“党的先进性和党的执政地位都不是一劳永逸、一成不变的，过去先进不等于现在先进，现在先进不等于永远先进，过去拥有不等于现在拥有，现在拥有不等于永远拥有”。这一认识大大增进了他们的一种关切，即关切他们给中国人民带来了多少裨益，从而大大增强了他们的警觉、审慎、忧患感、勤勉精神和政策创新精神，同时也使他们决心并真诚地向邻国和世界宣告永远不搞霸权主义，永远不试图恢复任何形式的“中华帝国”。在这一方面，特别意味深长和意义非凡的是，习近平主席非常铿锵有力地强调：“生于忧患，死于安乐。无论什么时候我们都不能骄傲自满，党不能骄傲自满，国家不能骄傲自满，领导层不能骄傲自满，人民不能骄傲自满。”

平等主义原则与等级次序必需

有一项既是传统的又是当代的中国特性，即平等问题上的某种“悖论”。虽然中国传统上一向是个等级制社会，有其关于不同社会阶层和群体的不同的特权、权利和义务的观念，但同时也有一种含糊暧昧的平等成分，它出自相信（同样借用新加坡中国学权威王赓武教授的话）“正当性基于人们在特定时候和面对特定问题的情况下据此而平等的那种正义和公正”。这样的悖论依然以一种与此不同的形式深刻地嵌在中国当今的政治文化的内核之中。例如，“以人为本”对“官本位”。中国政府当今在人民中间的政治可信性总是使其不得不应付这种悖论，即“以人为本”意识形

态对“官本位”政治文化。

甚至在当代中国对外政策中，这种平等主义与等级秩序之间的悖论也有它的对应物或类似物。一方面，出自中华人民共和国在对外关系中的传统、原则和种种至关紧要的利益，中国差不多是当今世界上唯一提倡和实践一种国际平等主义哲学的大强国，这种哲学基于主权平等、不干涉和中国所称的国际政治生活民主化观念。然而另一方面，与中国的巨型规模和大国地位相符，也为中国的其他一些至关紧要的利益所需，中国有着大国外交。确实，在对其他大国的外交意义上的“大国外交”一语本身，很少见于中国政府的公开文件，有别于另两个用语或概念——“大国关系”或“与发达国家的关系”，因为多少顾虑一项由来已久的传统外交信条，即与发展中国家的关系和外交是中华人民共和国对外政策的重心。然而，中国政府早已以一种被谨慎地表达但日益增长的自豪认识到，它必须操作“大国外交”战略，并且将恰当地处理“大国关系”当作中国对外政策的头等大事。要理解中国在处理如朝鲜、伊朗、缅甸、苏丹和叙利亚之类热点问题上的行为方式，就须把握这一复杂的彼此抵触的必需。

强调道德与“以义为利”和义利平衡

对道德的充分强调显然是中国特色的,深深地植根于中国传统之中。当代中国政治领导对道德的强调既有其国内方面，也有其国际方面。与中国崛起相伴随，胡锦涛提出了“和谐世界”理念，最突出的是 2006 年 4 月在耶鲁大学的演讲。在其中，他强调传统中华文明的特征，即注重以民为本、自强不息、社会和谐和亲仁善邻，因而明白地示意了中国关于世界秩序的道德/政治理想。习近平以至少同样浸透中国优良传统价值和当代中国外交现实感的方式，强调中国对外政策要“坚持正确义利观，有原则、讲情谊、讲道义”。他在 2014 年 7 月在韩国首尔大学的演说中，宣告中国要“在国际关系中践行正确义利观。国不以利为利，以义为利也”，他直接援引中国古语“不义而富且贵，于我如浮云”，申明在国际关系中“只有义利兼顾才能义利兼得，只有义利平衡才能义利共赢”。

国内关切优先、“战略保守主义”和坚持和平发展

人口多达13亿多的当代中国的对外政策有其压倒性的国内功能。事实上，完全可以从悠久的古老中国主流传统特别是“对外政策文化”主流传统中找到这一点的颇大部分渊源。中国的悠久政治经验内包括一种哲理性和现实感兼备的、集中致力于中国自身稳定和繁荣的“战略保守主义”，它完全契合关于华夏与远方“蛮夷”关系的儒家意识形态，同时在成本效益方面极为合算。这在新的当代历史条件下多少被有机地承继下来，大大有利于中国非常突出的经济成长和社会稳定成就，也大大促进了中国关于对外政策审慎的战略文化。

诚然，中国的强劲崛起，国内增长对外部资源迅速增大的依赖，西方强国影响力相对衰减带来的机会，还有更大的民族荣耀的天然吸引力，并非全无可能结合起来，这些导致对外态势的基本变化，使中国改变压倒性的国内优先惯例。然而，多年经验的审慎和耐心的战略文化，加上一个巨型发展中国家经久的国内任务艰巨性，特别是多达13亿多的巨量国内人口实现健康发展和生活幸福的艰巨性，依然并仍会将中国对外态势保持在“较温和的调整和有分寸的伸张”限度内。习近平主席宣告：中国“必须坚持走和平发展道路”；“中华民族历来爱好和平，中国人在两千多年前就认识到‘国虽大，好战必亡’的道理”，“我们要始终不渝走和平发展道路，始终不渝奉行互利共赢的开放战略。……促进世界和平与发展”。

这样的宣告既出自中国千年文化传统，也出自当代中国基本经验，其真挚和严肃无可怀疑。

“屈伸异变”：传统经验

东汉史家班固，曾以他的一则非常深刻和格外长篇的政治评论去结束《汉书·匈奴传》上下全篇，以比他古老得多的中国政治经验和他心目中的“现代”历史教益，论说对付“蛮夷”的合适的战略大方针。它大概是班固曾做过的最精彩的政治/战略论说，而其丰富和深切的基本思想当中，

有一项是强调大方针应当是混合的和情势性的，内含合适的种种“硬”“软”成分。用他的话说就是：

> 久矣，夷狄之为患也！故自汉兴，忠言嘉谋之臣曷尝不运筹策相与争于庙堂之上乎？……人持所见，各有同异，然总其要，归两科而已。缙绅之儒则守和亲，介胄之士则言征伐，皆偏见一时之利害，而未究匈奴之终始也。

整个汉初约70年的漫长的历史经验必然是复杂、能动和情势性的，“旷世历年……有修文而和亲之矣，有用武而克伐之矣，有卑下而承事之矣，有威服而臣畜之矣，诎（屈）伸异变，强弱相反”（《汉书·匈奴传》）。

大战略从来就应当是“屈伸异变”和与时俱进的。多少类似于汉初“战略和亲”与“战略克伐”的交互运用，我们正在目睹“战略军事”（strategic military）与“战略经济”（strategic economy）的合成实践。这指的是一个很重大的最新事态，即中国对外战略看来正发生急剧且更积极的变化或是“优化”。越来越清楚，中国在亚洲和西太平洋地区的地位在不断提升，影响力也在逐渐增大，而习近平主席对此怀有较高期望。从中长期说，此消彼长，美国在该区域近乎支配性的优势也难免逐渐减少。

增进中国在亚洲和西太平洋地区的权势影响甚或主导作用，这就是愈益清楚的中国对外政策一大目标。服务于这一目标的主要政策工具，可以说有两大类：“战略军事”和“战略经济”。粗略地说，十八大以来中国主要使用的是广义的“战略军事”，它集中体现为中国对美战略/军事竞争和对立、中国与日激烈对抗、中国在南海和东海争端中的强硬态度以及相伴的密集的军事和准军事活动。它们推进了中国的“硬权势”，但多少妨碍了中国的国际“软权势”，同时伴有显著增进了的冲突风险。**因而，很可能从现在开始，中国在未来一段时间内，将主要使用基于中国巨大经济金融实力和更广泛外交的“战略经济”。以北京APEC会议为最主要标志的一系列事态，令人强烈感到中国对外战略的这一重大变化。考虑到2014年10月和11月分别与日本和美国达成的重要的安全协议——中日“四点共识”和中美防止双方军舰军机冲撞协议，事情就更是如此。**

因此，大致可以预料，未来一个时期内，中国与美国及其战略伙伴（首先是日本）的战略竞争和对立，很可能将变得不那么激烈。无论如何，对所有有关方面来说，从“战略军事”为主转至“战略经济”为主的前景，将把亚太区域的地缘政治竞争推向复杂化，并且使美国更难应付这一竞争。中国在战略性外交方面的颇大一部分任务，是要在广泛强劲而又细致审慎地推进“战略经济”的同时，进一步从强度和频度两方面适当地缓解周边政策中的某些强硬甚而超强硬方面，争取有分寸地减抑某些邻国的疑惧甚或惊惧，从而大大减小甚或杜绝给美国提供的客观的便利，争取不让美国塑造和加固旨在防范、钳制和抵御中国的某种战略“统一战线”。

“中国特性”与国际共赢：“强大的中国，羸弱的中国”

有一项中国特性，是中国当代领导坚信中国特性本身（“中国国情”），坚信它们对从事“维护”、改革和发展的压倒性的重要性。可以说，这一坚定信念就是当代中国的一项最根本的意识形态。在这个关键的方面，毛泽东在很大程度上做了准备，靠的是他坚持、倡导和教诲根据中国的特定国情决定中国革命的战略，坚持抵制共产国际及对其言听计从的中国代理人将革命“普遍主义”加诸中国共产党。这不仅在中国共产党历史上有巨大意义，而且在中国千年思想史和精神史方面有巨大意义。改革开放以来，依据中国国情和依靠自主实践，中国取得了巨大的成功。这成功恢复了中国自信——在当代西方早先的耀眼成功（那导致西方许多人以为“历史终结”）面前的自信。这自信的对外政策含义可以相当间接，但它的影响无论如何将是多方面的和最终强有力的。

然而，当代中国在坚持自身特色和自主道路的同时，越来越注重发现和发扬中国诉求与外部世界的广泛取向甚或普遍期望的共通性，越来越注重扩大国际共同利益和增进国际共同努力。不仅如此，审慎，甚至上面说的“支配宇宙万物的生物式循环”理念，已经是决定中国当今对外政策方向的一大常在要素。当代中国领导人念念不忘的最大、最悠久的中国特性之一就是“强大的中国，羸弱的中国”。中国在拥有很可能非常辉煌的前景的同时，将面对未来重大和严峻的挑战。最基本的挑战，依然是中国辽阔的幅员和巨大的人口：这是中国的国内任务、世界地位和对外政策形势的最大常数。中国若能持久成功地应对这一挑战，世界就将因此享有巨大的裨益。不仅如此，无论是在传统中国，还是在现代、当代或未来中国，这辽阔的幅员和巨大的人口，总是中国力量的根本源泉和中国自豪的重要依据，也总是中国相对艰难的一大缘由和中国经久奋斗的常在鞭策。中国不易，但中国必成。

时殷弘

现任中国人民大学国际关系学院教授、学术委员会主席，中国人民大学美国研究中心主任，2011 年初起兼任中华人民共和国国务院参事。1992 年 10 月起领受国务院颁发的政府特殊津贴。从事国际关系理论思想、国际关系史、战略理论和战略史、当代国际政治、东亚安全、中美两国对外政策研究。已出版个人著作 16 部，包括《对外政策与历史教益》《现当代国际关系史（从 16 世纪末到 20 世纪末）》等。此外已出版译著 18 部，发表学术论文和评论 570 余篇。已发表的论著中许多有较广泛的国内外影响。

中国外交：以邻为重，还是以美为重？

阎学通

自2006年以来，官方、媒体和学界讲到中国外交时，普遍使用“大国是关键，周边是首要”的说法，以此描述中国对外政策重点的排序。然而，从语义上讲，人们实际上无法判断“关键”和“首要”哪个更重要。从语序上讲，由于将“周边是首要”置于“大国是关键”之后，因此其“首要”地位大打折扣。当前在中国崛起加速的情况下，中国外交应以邻国为重，还是以美国为重，正在成为一个难以继续含糊其辞的问题。

大国崛起需要周边国家支持

是以“大国”为重还是以“周边”为重的认识分歧，源于一个地缘因素：美国不是中国的邻国。如果美国也是中国的邻国，就可顺理成章地写成“周边是首要，大国是关键”。这样“周边”就包括了美国，在周边国家中以大国为关键，于是“周边”和“大国”的排序就合理了。然而，美国虽然不是中国的邻国，却是世界上唯一的超级大国，同时被认为是中国崛起的最大障碍。因此，学界有一派认为，只要搞好中美关系，减少来自美国的阻力，世界上就没有任何力量能够阻止中国崛起了，因此应以美国作为外交工作的“重中之重”；而另一派则认为，没有周边国家的支持，中国实现不了崛起，因此应将周边作为外交工作的第一重点。笔者认为，从中国崛起的性质的角度分析，将有助于我们看清“大国”与“周边”中何者更为重要。

大国崛起是一个国家先成为地区强国而后再成为全球性强国的过程。这个必然过程，促使美国在19世纪采取了“门罗主义”，将其外交重点仅限于美洲，促使苏联在二战后将其外交重点置于欧洲，先后建立“经互会”和“华约”组织，还决定了中国要实现崛起，就必须将周边作为外交的首要重点。

睦邻友好是二战后国家唯一合法的崛起战略，它和“远交近攻”一样，是被使用了几千年的崛起战略。联合国成立后，领土主权不得被侵犯成为国际规范，这使得远交近攻的兼并战略不再合法。这就是为什么美苏争霸时期不再效仿殖民主义的领土扩张战略，而是采取与周边国家结盟的战略。同理，21世纪中国的崛起战略也只能选择睦邻友好，因此中国2013年提出了“亲、诚、惠、容”的周边外交原则。

一国崛起的性质是赶超世界最强国，最强国只能是崛起国的障碍而不可能成为其支持者，中美之间由此产生了结构性的矛盾。奥巴马说美国决不做世界第二，并制定了“亚太再平衡”战略以防范中国崛起，体现的就是这个原理。因此，中国崛起战略的对美政策目标只有减少来自美国的阻力的单一选项，而不可能争取美国的支持。中国对周边国家的外交目标，则有减少阻力和争取支持的两重性。

面对中国强于自己的现实，周边国家需要在借助和阻碍中国崛起的两个策略中进行选择。这使中国有可能获得那些希望借助中国崛起的邻国支持。例如，面对中美之间实力差距加速缩小的现实，美国的盟友韩国和泰国都采取了提升对华友好程度的政策。对中国崛起而言，争取众多周边国家的支持比降低美国一国的防范力度更为重要。

以邻国为重可避免过度拓展

中国的综合实力还未达到全球性水平，故此我国的外交重点不宜超越周边。综合国力由政治、军事、经济、文化四种实力要素构成，虽然我国的经济实力已是全球性的，但其他三项实力尚未达到全球性水平。

大国拓展速度超越其实力基础，是大国衰败的重要原因之一。如今，很多学者将美国的相对衰落归咎于其在中东的过度扩张。世界主导国过度扩张会衰败，崛起大国控制不好自身利益的拓展速度则会夭折。而以邻国为外交的重中之重，则有助于防范出现“欲速则不达”的危险。

“大周边”的概念易使外交失去重点。“大周边”是一种平衡“大国”

和“周边”两者重要性的说法。中国的“大周边”可以东到美国大西洋海岸和南美的太平洋国家，西到中东的地中海，南到澳大利亚，北到俄罗斯邻接的北极。如此广阔地域的“大周边”不仅模糊了“周边”的界限，而且有导致过度拓展的危险。

依据我国目前的实力地位，“周边”应限于东亚、俄罗斯、中亚、南亚和东南亚五个地区。我国的陆地和海上邻国已有20多个，且包括了俄罗斯、日本、印度三个大国。如能将所有邻国转化为我国崛起的支持者，我国崛起的国际环境则能从根本上得到改善。改善与邻国的关系不仅具有正面提升我国实力地位的作用，而且可从反向削弱美国的阻力，因为美国的“亚太再平衡”战略需要借助其东亚盟友来实施。

“一带一路”工程须从邻国开始

“一带一路”的互联互通工程，是中国建立“命运共同体”的基础设施。这些工程从中国向外延伸，因此无论其能延伸多远，都需要邻国的参与。我国与邻国的联通建不起来，邻国与其他国家的互联互通就失去了助力中国崛起的意义。鉴于互联互通工程只有从中国向外延伸才对我国崛起有意义，地理上与我国越接近的国家，对这一工程的战略意义就越大。

互联互通工程必须经过邻国，因此中国需要加强对这些邻国的外交工作，以保障工程的战略效益。政治上要保证双边关系的稳定，以防影响工程的实施及效益；安全上要加强合作，以防止反对势力的破坏；经济上要协调利益分配，以防止产生新的利益冲突。为此，“一带一路”工程需要与邻国的经济规划对接。

要加强与邻国的战略合作关系，不可避免地会遇到在邻国与美国的冲突中进行选择的问题。当美国与我国邻国发生战略冲突时，我国的立场也会直接影响到与邻国的关系。选择中立或支持美国的立场，都会对我国与邻国的战略关系产生负面影响，而支持邻国则会影响中美关系。故此，如不明确以邻国为重的原则，我国睦邻友好政策就缺乏政治保障，周边国家也会怀疑我国的战略取向。

通过中亚向西延伸的“一带”工程和连接东南亚的“一路”工程，两者的战略意义不同。前者是巩固我国崛起的战略后方，因为中亚国家经济发展潜力较小，对中国的安全威胁小，美国在这一地区的战略利益相对较小；后者则关系到中国崛起的核心内容。东亚将成为新的世界中心，该地区的经济、政治和军事都将取代欧洲的世界地位。为了维护其主导地位，美国将防范中国崛起的重点置于东亚地区，包括东南亚。因此，东南亚的“一路”工程对中国外交投入的需求远大于中亚地区。

邻国或周边国家对中国崛起的意义越来越大于美国，在这种情况下如何确立我国的外交重点，正在成为一个新课题。

（文章首发于新华网思客频道，经作者授权刊登）

阎学通

清华大学当代国际关系研究院院长、世界和平论坛秘书长，兼任中国国际关系学会副会长、中华美国学会副会长。著有《中国国家利益分析》(1996)、《美国霸权与中国安全》(2000)、《国际政治与中国》(2005)、《历史的惯性：未来十年的中国与世界》等。

中国形象工程为何适得其反?

郑永年

随着中国的崛起，世界似乎越来越不理解中国。当中国已经活动在世界舞台中心的时候，世界对中国的“不理解”必然对中国产生巨大的负面影响。从根本上说，国家形象工程是一个国家软力量建设的需要。对这一点，中国社会是具有相当程度的共识的。

因此，中国实施了诸多大型国家形象工程，花费大量的人、财、物，希望为国家塑造出一个正面形象，至少是一个世界可以接受的形象。

不过，塑造国家形象不是容易的事。经过这么多年的努力，这些工程不能说没有任何效用，但一些工程的效果经常适得其反。中国越推动，外界的反弹就越大；中国的投入越大，外界的阻力也越大；中国的努力越大，国家形象就越差。其中也并不都是中国的问题，各种因素包括文明和文化的差异、政治体制和意识形态的不同、世界对一个崛起中国的不确定性甚至恐惧等等，都在影响着中国的国家形象塑造。但作为主体，中国必须对自己的努力深刻反思。

先说最大的国家形象工程孔子学院。这些年可以说是遍地开花，在不长的时间里已经扩展到120多个国家和地区，成绩不小。不过，孔子学院从一开始就是各国争议的话题，尤其是在西方。在早期，这样那样的争议可以归咎于人们不了解。但那么多年下来，争议越来越大。这不能说仅是因为人们不了解或者人们有“偏见”。对这样的文化工程，人们的“偏见”不可避免。但为什么“偏见”不仅没有减少，反而在增加?这是需要反思的。最近海外一些名牌大学中止了和孔子学院的合约。尽管背后有很多复杂的因素，但孔子学院的运作方式是主要原因。

就孔子学院来说，有太多的领域需要反思：要不要遍地开花?学习汉语应当不应当成为其核心？要不要资助发达国家的学生来学习汉语？越来越庞大的工程是否具有可持续性？如果注重学界精英阶层(例如我国台湾的蒋经国基金会)，效果是否会更好？如果由一个专业人才组成的团队来管理，是否会比由官僚来管理更有效一些？如果采用政府“收购社会服务”的方式，是否会更具市场精神？对诸如此类问题的思考，能够帮助人们改进已经成为制度的孔子学院，使其发展更具有可持续性。

媒体走出去是国家形象工程的另一大领域。这里也出现了诸多不小的问题。为了让海外理解中国，把一些党政理论刊物翻译成英文或者其他文字，不仅可以，而且必要。问题在于，这些刊物，一些中文表述就已令人费解了，翻译成外文之后，除了换了一种文字之外，没有任何改变，更令人看不懂了。一些海外机构甚至把此类刊物作为垃圾来处理，这是典型的人、财、物浪费，没有一丁点儿附加值。如果容许一个专业的团队来做，重新改写文章，就可以把声音传达出去。

“走出去”了的媒体问题更大。现在也有不少媒体“走出去”了，但不知道“走出去”的目标是什么，是影响中国读者还是外国读者。至少从现象上看，其目标还是中国读者。新派出去的传媒工作人员，和原来中国媒体的驻外记者有什么区别？他们同样还是写些中文的报道，同样刊登在中国媒体之上，和当地的民众没有一丁点儿关系。这是人走出去，不是媒体走出去，并且服务对象仍然是中国民众。

为了增加在海外的影响，有关部门收购了海外当地的一些小媒体。但这些媒体同样大多是华文媒体，本身并没有什么影响力，收购与不收购没有什么区别。更有甚者，收购这些小媒体之后，很多文章都是中国记者写好了，发到这些小媒体上的。(很多又被中国的媒体当成海外产品转摘回来。)这种做法实在叫人找不到任何理性。

中国媒体喜欢转载引用外国媒体的产品。关注别人对自己的看法是应当的，引用外国人的看法也是中国开放的一种态度。美国人就自以为是，从来不关心他国对美国的看法。作为新兴大国，中国和美国不一样，这是好事。但这里也有问题。无论是对中国正面的评价还是负面的批评，从中不难发现，中国的大媒体经常引用一些只有中国人才知道的外国媒体的言论。这些媒体在海外毫无影响，主流社会并不知道它们的存在。

文化走出去方面也存在这个现象。例如，维也纳的“金色大厅”几乎被中国艺术家包下了。中国送出去一个又一个的演唱家或者演唱（演奏）团。那么频繁，哪来的听众？因此，一次一次免费送票。当地的一些华侨已经变得不厌其烦了。幸好，这个现象最近已经被有关部门注意到，在纠正或者阻止其延续。

还有一个是“炒股”现象。中国这么一个大国应当具有包容性，容许人家的批评，甚至攻击。但有关方面体现不出这种包容性，结果导致什么样的小事情都要反应。本来是一件小小的事情，引不起人们的兴趣，但经有关方面的高调反应，变成了大事情。这是“炒股”现象。本来这只股票没有任何价值，但中国用一国之力来炒作，就大大抬高了其股价。很多海外的反华“英雄”，就是这样被制造出来的。

热比娅就是一个典型的例子。有关部门把她“塑造”成一个“英雄”。热比娅好不容易出去了，必然要做些反华的事情。但她每走到一个地方，每说一句话，有关部门必然全力反击。官方媒体甚至高调发表文章，视她为一个“达赖喇嘛式”的人物，把她从一个无名小卒抬高到达赖的地位。本来海外“疆独”势力处于群龙无首的状态，需要一个领袖。因此，不仅“疆独”势力马上把她作为领袖，各国的一些“反华”势力，无论是政府还是民间团体，也都纷纷邀请她。很简单，因为她“有影响力”，她所到之处，必然引起中国的全力关注。很显然，“放”她出去关乎国家形象，而“关注”她也是国家形象问题。但结果国家形象和国家利益都受到损害。

类似现象极其普遍，体现在国家形象各个工程之中。随着国家的崛起，这方面的投入已经很大，也会越来越大。也就是说，这是一块很大的利益，不仅既得利益者要追求更大的财政投入，而且更多的新利益追求者也被吸引着来加入分享。更为重要的是，这个领域大多属于意识形态和政治性比较敏感的，各种利益群体都可以高举所谓的“爱国主义”旗帜。爱国有理，出了一些问题又怎么样？“爱国主义”是这个领域人们的保护伞。没有人会质疑批评。但现状在于，投入越大，越是适得其反。人们或许不容许质疑这个领域的“爱国主义”，但结果是在大大损害国家利益，是“害国主义”的表现。

为什么会出现这样的情况？这里仅仅举一些容易观察到的因素。

首先是缺乏专业主义精神，过度政治化。国家形象工程当然是政治，不讲政治不行。问题在于，怎样讲政治。可以通过专业主义来讲政治，也可以通过政治方法来讲政治。在中国，人们习惯了用政治方法讲政治，也很自然地把它延伸到了海外。这种高度政治化的形象工程一到海外，就不是到处碰壁，就是效果不好。如果专业主义精神不能弘扬，国家形象就会越来越不好。其实，如同所有其他领域，提高中国人所说的“文化精神”的是专业主义精神，绝对不是官僚政治。去掉国家形象工程领域的官僚主义是要务。这方面，中国可以从其他国家学到很多很宝贵的经验。

其次，GDP主义也一直主导着国家形象工程，已经成为衡量国家形象工程是否成功的标准。对GDP主义者来说，质量不重要，重要的是数量。结果，第一，国家形象工程要多。每一届领导要做，各个部门要做，各级政府也要做。第二，数量扩张也表现在每一个具体的项目上。对孔子学院来说，是学习汉语的人数和各种项目的数目；对海外宣传来说，是文字和篇章的数量（撰写、发表、转摘等）；对文化“走出去”来说，是演出的数量，等等。

再次，各个机构不协调。国家形象工程几乎已经成为全社会工程，不知道有多少部门和机构在做。在众多的部门和机构中，没有一个有权力的机构来协调。结果，大家互相竞争、内斗，谁都不去重视质量，而从事谁都可以做的、低层次的、毫无附加值的工作。数字一大堆，就是毫无质量。再者，无论是国家形象的塑造还是国家形象的“走出去”，都要求具有充足的海外知识。但那些懂得外部事务的部门和机构没有权力，不懂的却权力大得惊人，这就造成了“外行领导内行”的局面，结果是可想而知的。国家形象工程迫切需要一个有权力的协调机构。

从更深层次看，这种现象也从一个角度说明，中国仍然没有走出近代以来接二连三被列强打败的“国耻”感。中国从前受其他国家欺负，现在崛起了，这些国家不能接受中国的崛起。包括一些领导在内的很多国民不能超越“国耻”感，国家因此不能体现出大国的容量和气度。海外有什么样的对华反应，只要不是正面的，都要回应和反击。这就导致了一种局面：越回应和反击，双方的冲突就越严重；冲突越多，国家形象就越不好。美国是大国，每天不知道有多少人在骂美国，但美国就很少回应。做大国就是要挨骂的，中国的国民显然还没有这种心态。

中国刚刚崛起，在学做大国，很多不希望的事情的发生，也具有必然性。任何大国在其走向大国的过程中，都会发生这样那样的事情。学做大国需要交很多学费。但是，对中国来说，要尽量少交学费，尤其是要避免交了学费还导向反面效果的情形。

郑永年

现任新加坡国立大学东亚研究所所长。国际著名的中国政治、国际关系与社会问题专家。先后出版学术专著二十余部，广泛参与了过去数年有关中国改革的各种重要讨论，出席国内各种具有影响力的论坛和讲坛。担任中国多个省政府顾问，为中国地方政府提供各方面的政策咨询。

南海争端，中国的突破点何在?

薛　力

过去几年，南海不时成为全球关注的热点地区，尤其是在 2009 年、2012 年与 2014 年三个年份。在可以预见的未来，南海争端难以获得彻底解决，甚至不排除会出现一些突发事件。这些事件既影响地区的和平与稳定，也对中国推动建设的“21 世纪海上丝绸之路”与“东亚命运共同体”形成某种掣肘。因此，有必要分析：南海问题的解决究竟难在何处? 更重要的是，中国应该如何应对，如何选择突破点?

南海争端涉及“五国六方”：中国大陆、中国台湾、文莱、马来西亚、菲律宾、越南。如果涉及海洋划界，则还包括印度尼西亚，因为其专属经济区有大约 3 万平方公里在南海断续线内。因此，南海争端实际上涉及“六国七方”。从主权主张与争端处理角度看，中国大陆与中国台湾比较接近，东盟五个声索国之间却并不相似（当然，东盟声索国之间在南海的一些边界也没有确定)。中国台湾不能参加声索国与东盟举办的南海问题官方会议，但可以参加民间举办的一些南海问题二轨会议。

难点在于认知差异

依据笔者过去 6 年的研究，解决南海争端的主要难点在于有关各方认知上的差异。首先是东盟声索国与中国之间的认知差异，其次是区域外大国与中国的认知差异。

中国大陆与中国台湾的主要观点是，中国对南海四大群岛的发现、开发与有效管理可以追溯到汉代，国民政府还在 1948 年公布了南海断续线，在 20 世纪 70 年代南海发现油气资源之前，东盟声索国对中国的南海主张

(包括南海断续线) 并没有异议。这些是《联合国海洋法公约》1982 年签署前就已经存在的事实，因此，中国在南海的主权和海洋权益除了源自国际法外，还源自历史。南海断续线集中体现了中国的历史性权利。解决南海争端时仅仅依据国际法对中国有失公允。

在中国看来，一些东盟声索国还全力推动南海争端的国际化，挟区域外大国以自重，区域外国家（尤其是美国）则乐得利用这些国家来制衡崛起中的中国。为此，中国只能强化对南海的管理与开发，以保护自己的正当权利。

东盟声索国则认为，东南亚国家成立民族国家的时间虽然较短，但南海沿岸居民历史上都是南海的使用者，因此东盟声索国也可以主张历史性权利，2009 年以前的越南——某种程度上还包括菲律宾——正是如此行事的。问题在于，亚洲各国是民族国家体系的后来者，“六国七方”都没有做到对南海岛礁与海域的“持续而有效的管理与控制”(continuous and effective administration and control)，而这是国际法判定岛礁主权与海洋权利归属的关键。如果各方都提出自己的历史性主张，则南海争端难以解决。既然有了国际法这一相对客观的参照物，六个声索国又都是《联合国海洋法公约》的缔约国，依据国际法解决南海争端是现实而可行的选择。部分地基于这种原因，越南在 2009 年后放弃了对历史性权利的强调。

此外，东盟声索国觉得自己无力单独对抗中国这个巨人，除了“抱团取暖”外，还试图通过引入区域外大国以增加安全感。它们在南沙海域油气开发中引进尽可能多的西方石油公司，也是觉得争端国际化有利于自己，为此不惜在油气收益分配上大幅度让步。

南海区域外国家中，美国、加拿大、日本、韩国、澳大利亚、英国、瑞典等国家的南海问题专家多认为，他们理解中国的立场，但是，国际法应该是解决南海争端的主要依据，在海洋划界上应主要依据《联合国海洋法公约》。其中美国的立场具有代表性。

作为唯一的超级大国，**美国**继承了英国的大陆平衡政策，坚信力量的平衡是和平与稳定的基础，为此而在全球各个地区推行平衡政策，“扶持弱的一方”是普遍做法。具体到南海地区，美国认为中国的快速崛起破坏了南海地区的力量平衡，中国可以做原先没有力量做的事情了，包括强化对南海岛礁的控制。为此，美国应该尽力帮助东盟声索国，以防止力量失衡带来地区动荡，同时也要防止自己被盟友拉入与中国的全面对抗。此外，美国还坚持认为，自己的军舰与飞机在南海海上与空中进行情报搜集活动没有违反《联合国海洋法公约》。至于没有加入《联合国海洋法公约》，是因为坚信孤立主义的共和党在参议院的阻挠，而行政部门、民主党、学者多主张应该加入，事实上美国也是依照《联合国海洋法公约》行事。

近年争端演化进程

由于认知差异太大，南海争端的解决进展缓慢。在 20 世纪八九十年代，除了个别年份，南海局势大体稳定。一些因素（主要是 1995 年的美济礁事件）促使各方着手制定处理南海争端的政策文件。经过几年的努力，中国与东盟十国在 2002 年签署了《南海各方行为宣言》，各方同意共同维护南海的和平与稳定，不采取使争议复杂化、扩大化和影响和平与稳定的行动，和平解决争端。2009 年 5 月 13 日是《联合国海洋法公约》规定的各国向联合国大陆架界限委员会（CLCS）提交本国外大陆架划界提案的截止日，30 多个国家提交了自己的划界提案，马来西亚与越南的提案明显侵犯了中国的南海权利。为此，中国在 5 月 7 日给联合国的照会中要求 CLCS 依据议事规则不予审议，并附上标有南海断续线的中国地图。这是中国政府首次在官方文件中论述南海主张时使用南海断续线，因而引起东盟声索国以及国际社会的高度关注。东盟声索国还不时袭扰、驱赶、伤害中国渔民。为了捍卫自己的正当权益并保护渔民，中国也强化了在南海的民事执法，包括对他国越境渔民的管理。因此，上述因素使得南海 2009 年成为国际关注的热点地区。

2008 年的金融危机重创欧美，中国的实力与国际地位 2009 年开始彰显，加上一些因素（如“无暇号”事件），促使奥巴马政府下决心调整全球战略，具体做法是“摆脱中东，重返亚太”。时任国务卿希拉里 2010 年 8 月在河内声称南海问题事关美国国家利益，2011 年在檀香山声称“21 世纪将是美国的太平洋世纪”，强化与菲律宾、新加坡、越南、澳大利亚的军事合作都与此有关。美国的重返则使得东盟声索国的行动变得大胆了，突出表现是菲律宾 2012 年 4 月在黄岩岛用军舰抓捕中国渔民，同年 6 月越南不顾中国的劝阻推出所谓海洋法，将中国的西沙群岛和南沙群岛包含在其“主权”和“管辖”范围内。中国只好采取强力反制措施，如控制黄岩岛，成立三沙市，在万安滩与中建岛之间推出 9 个招标区块。西方国家则忽视东盟声索国的行为，片面指责中国“改变南海现状”。这些事件使得南海争端在 2012 年“高烧不退”。

菲律宾觉得与中国来硬的行不通，改而采用“软招”，一方面聘请知名国际法律师于 2013 年 1 月发起强制仲裁请求，要求国际海洋法法庭成立仲裁庭并裁决中国的断续线无效，一方面在礼乐滩共同开发中提出中国不能接受的条件。

好在东盟声索国都意识到南海争端乃彼此间关系的一部分，不应该让这个问题成为彼此关系的主旋律，因此，争端总体上处于可控状态。中国与文莱、中国与越南 2013 年 10 月都签署协议推进海上油气共同开发，中国与菲律宾还就共同开发礼乐滩油气资源保持接触。菲律宾仲裁案并没有对中菲贸易产生明显影响。“981”事件后两国官方频繁互动，尤其是，越南于 2013 年 8 月 26 日派遣政治局委员黎鸿英作为越共总书记特使访华，修补中共、越共两党与中越两国关系。

由于缺乏强有力的安全机制，未来几年南海依然有可能发生一些热点事件，从而影响到地区的和平与稳定乃至各个声索国的经济发展。“六国七方”都有责任为防止新争端付出努力。那么，就中国而言，未来应该如何应对南海问题?

战争手段不可取

有些人认为，等到中国实力足够强大了，可以通过战争手段来解决南海争端。这种观点至少忽略了以下四个问题:

第一，二战以后，通过战争手段来解决领土争端已经不具有正当性，很难找到战胜国成功地迫使战败国签署边界协定的例子。

第二，中国与 14 个陆上邻国中的 12 个划定了边界，没有一个是通过战争手段来解决的。中国与越南的陆上边界，以及两国的北部湾海上边界的划定，都是通过和平谈判解决的。

第三，南海争端是中国与东盟国家关系的主要短板，但仅仅是中国与部分东盟国家（尤其是四五个东盟声索国）之间整体关系的一部分。

第四，东盟是中国崛起过程中争取的对象，是建设“21 世纪丝绸之路”与“东亚命运共同体”的首要对象。

所以，和平解决南海争端是现实途径，包括第三方裁决与直接谈判两类。第三方包括声索国以外的其他国家与国际司法或仲裁机构。中国政府在 2006 年 8 月 25 日给联合国的声明中已经排除了就海洋划界与领土争端等接受国际司法或仲裁管辖的可能性，这意味着中国也不会接受第三国仲裁。因此，直接谈判就成了当然选项。这也是东盟声索国的立场。东沙问题是中国内部的事情，中沙争端只涉及中菲两国，这都没有争议。中国不承认西沙争端，但越南之外其他声索国并无意成为谈判方。主要异议在于如何进行南沙争端谈判：中国主张双边谈判，而东盟声索国主张多边谈判。

公约数何在？

随着对多边外交的熟练与外交自信心的增强，中国的立场也在调整：2013 年 9 月召开的中国东盟高官苏州会议开始讨论与“南海行为准则”有关的事项，显示中国同意在某些议题上进行多边谈判。2014 年 8 月内比都东盟系列外长会议期间，王毅外长表示解决南海问题可以采用“双轨思路”，即有关争议由直接当事国（即声索国）通过友好协商谈判寻求和平解决，而南海的和平与稳定则由中国与东盟国家共同维护。

11 月 13 日，李克强总理在东盟系列峰会上重申，要以“双轨思路”解决南海问题，表示中国同意积极开展磋商，在协商一致基础上早日达成“南海行为准则”。这既是政府首脑对外长讲话的背书，也把中国的南海争端应对推进了一步：同意适当加快“南海行为准则”的制定过程。新一届中国政府制定了“一带一路”战略目标，因此，在应对南海争端时，不是仅仅考虑南海一时一地的得失，而是考虑如何把东盟建成“21 世纪海上丝绸之路”的第一个枢纽。

接下来可以着手的事项甚多，一些功能领域的合作（如生物多样性调查）已经在进行，但更为重要并可能给南海争端解决带来突破的是以下三项：“南海行为准则”什么时候达成？油气共同开发如何实现？南海断续线内涵如何界定？笔者的回答是：

现有的机制安排并不能有效防止南海发生新的争议事件，因此，新加坡著名外交家许通美大使在2014年香格里拉对话中坦率指出，《南海各方行为宣言》（简称《宣言》）签署以来，各方都在改变南海现状，除了文莱。其实，如果考虑到文莱在南海断续线内的油田依然在生产，可以说“五国六方”都违反了《宣言》。这是南海局势不时紧张的重要诱因。好在越来越多的人意识到，签署具有约束力的法律文件规范各方在南海的行为是大势所趋。东盟声索国希望尽快达成“南海行为准则”，中国曾希望对此要有“合理预期”即不希望太快。但新一届中国政府提出了建设“21世纪海上丝绸之路”与“亚洲命运共同体”的政策目标，这客观上要求中国加快步伐补上与东盟关系的短板，但东盟的要求略显仓促。因此，公约数很可能是双边预期时间的折中点。至于争端处理机制什么时候建立、发挥何种作用等问题，可以在谈判中通过磨合逐步达成共识。

中国与菲律宾、中国与文莱、中国与越南之间都曾尝试推进共同开发，但迄今为止进展有限。主要原因在于东盟声索国对于双边共同开发的必要性、迫切性认识不足，它们也没有能力促成南沙海域多边共同开发。对于油气消费越来越依赖进口的中国来说，继续单方面不开发南沙油气不符合国家利益，而随着981钻井平台的建成，中国已经有能力在南沙海域促成双边乃至多边共同开发。因此，中国应该把“通过单边开发撬动多边共同开发”提上议事日程，这比单纯的单边开发更符合中国的整体与长远利益。全世界至少有14个共同开发区，其中的成功经验值得“五国六方”借鉴。

中国的南海主张集中体现在2009年5月7日针对越南与马来西亚的大陆架划界提案向联合国提交的照会中：中国对于南海诸岛及其附近海域拥有无可争辩的主权，并对相关海域及其海床和底土享有主权权利和管辖权。但中国的大块头与迅猛发展还是令其他国家（尤其是南海沿岸国）忧虑。这也成为一些东盟声索国推行南海争端国际化、“安全靠美国”策略的依据。这些后果显然不符合中国的国家利益与政策目标。为此，中国可以考虑逐步清晰化南海断续线的内涵。

在2014年11月底的中央外事工作会议上，习近平提出中国必须有自己特色的大国外交，指出决不能放弃中国的正当权益，决不能牺牲国家核心利益，强调要维护国际公平正义，特别是要为广大发展中国家说话。中国未来固然会坚持在南海的正当权益，但也会注意掌握平衡，以便在崛起的过程中成为东盟认可、信任与依靠的地区“带头大哥”。

薛　力

中国社会科学院世界经济与政治研究所国际战略室主任、副研究员。研究兴趣为国际战略、中国外交，近期比较关注南海问题与“一带一路”，曾在《世界经济与政治》、《国际政治科学》、《国际政治研究》、《世界知识》、《联合早报》、FT中文网、《美国外交官亚太时事杂志》、《中国日报》、《环球时报》等海内外刊物网站上发表学术文章、时事评论等100多篇，出版专著3部，参与国家多个部委的决策咨询。

“自由行”太自由，香港难承受？

丁学良

放眼未来，中国内地与香港之间的经济贸易关系，显然还会有更多重要的变化。除了 2014 年 12 月 18 日签订的《内地与香港 CEPA 关于内地在广东与香港基本实现服务贸易自由化的协议》以外，其他方面也应该得到重要的调整和改进。其中，我认为亟须改进的是观光旅游产业。这一产业的涉及面广泛，现在如果依然不做调整，任其发展，恐会继续引发更多不利的情况。

彼时“自由行”提振香港经济需肯定

我们首先需要肯定的是：2003 年，在 SARS（也称“非典”）病情席卷香港，造成了整个香港经济、贸易、投资的信心以及日常生活的方方面面一片低落的情形之下，6 月，内地对香港推出“自由行”政策，允许内地居民不必参加旅游团，而采取“个人游”的方式赴港旅游，给那时的香港经济带来了迅速的提振，这一政策受到了广泛的欢迎。

当时的香港，用普通老百姓的话说：“没有人敢出去吃饭。”许多餐馆倒闭，街道上人烟稀少，房地产也跌到了新低点。而中国内地开放“自由行”之后，短时间内为彼时的香港带来“人气”，紧跟着“人气”的就是“财气”。当时，来自中国内地的游客们，一方面被全香港从上到下当作是游客，另一方面也受到了“亲戚”般的欢迎。

2003 年的“非典”是从广州开始传播的，也是香港近一百多年以来第二次大瘟疫，导致了 299 人死亡。但从 2003 年以后，到 2015 年已有 12 年时间，“自由行”开放的幅度越来越大。据香港旅游局（HK

Tourism Office）的报告，2014 年前 10 个月，整体访港旅客累计已达到 4 987.3 万，比去年增长 12%。其中，内地旅客 3 869 万，比去年同期增长 15.5%。以此为基准，我们会发现，这存在一个严峻的问题。

2013 年全年，中国内地赴港游客总人次达到 4 075 万，而同时另一个数据是，同年香港本地人口总数为 719 万。这也就意味着，来自内地的游客数大约相当于香港整体居民总数的 6 倍。而当我们细看有关的统计数字会发现，在这 4 000 多万人次之中，在香港停留超过一晚的游客总数不到一半，换句话说，这 4 000 多万来到香港的大部分人，都是当天来回。这会对两边关系带来哪些负面影响呢？

现时庞大“自由行”挤压香港居民生存空间

首先，我们从香港居民的角度来看，很显然，6 倍于香港居民的内地游客给整个香港的生存空间造成了承受不了的拥挤。香港原本就是全世界人口密度、道路汽车密度最高的城市之一，再加上大量的外地游客的到来，对于香港普通居民而言，不论是上下班交通，还是购物、会友、饮食、娱乐等方面，都受到了巨大的影响。这种对香港普通居民生存空间的大量挤压，引起了极其普遍的抱怨，也使得媒体上出现了很多刺激性的负面报道。我认为，这不等于香港的普通居民对于来自内地的游客有天然的歧视。全世界很多地方都会有歧视，但是近年来如此多的集中抱怨，不能将原因归结在少数人的歧视之上，原因还是在于一个客观情况，那就是香港的生存空间承受不了如此大的压力。

我经常和内地的读者讲一个基本的道理：中国总人口是 13 亿人，假如乘以 6，也就是每年全球有 78 亿人来到中国访问，你能受得了吗？你的生活难道不会受到严重影响吗？答案是显然的。

这些在香港社会的体现可以说是方方面面的。除了交通拥挤之外，原本普通老百姓很珍惜的生活方式，也受到了破坏。比如说很多老街道、店铺，特别是和饮食娱乐相关的场所，原本富有强烈的岭南特色，但过去十几年来，来自内地的游客过多，使得香港居民日常生活中非常重要的服务业进行了大洗牌，从而失去了此前的特色与风格。

香港的普通老百姓都知道，原本他们爱去的店铺，一家一家地倒闭，每年香港倒闭的小饭馆有几千家之多。小商贩的想法是，他卖10碗面赚的钱，一大半要负担房租，而随着房租越来越贵，这些小本经营的商铺更是举步维艰，薄利多营的生存方式转而为高价奢侈品销售所代替。而这也就造成了本地人外出吃饭，再也找不到他们能付得起钱，且东西好、味道还和别家不同的富有地方特色的餐馆了。

那么问题来了：从庞大的“自由行”游客中，获得利润的究竟是谁呢？据2013年初的数据统计，香港GDP自1998年的13 000亿港元增至2012年的21 000亿港元，增加了62%；但家庭入息中位数15年间只由18 300港元增至20 000港元，即增加了9%，住宅价格指数则增加了90%，奶粉价格增加了100%，牛肉价格增加了233%，贫穷人口从850 000人增至1 187 000人，增加40%。

如果用普通政治经济学的概念来形容，让少数产业和少数公司巨额盈利，由此带来的社会负担、经济负担却让几百万享受不到利好的普通居民去承担，这就造成了很多对于两边关系的负面抱怨、挖苦、讽刺甚至抗议。

庞大“自由行”或将对内地与香港关系造成较大负面影响

反过来看，这对中国内地的游客而言，也不公平。他们花了钱来香港旅游，到这来不仅没有受到欢迎，反而听到了挖苦之语甚至还有游行示威，在媒体上也经常看到对他们很尖锐的批评，可谓“花钱买气受”。这在全世界的旅游市场中，也是很罕见的。如果仅仅停留在个人层面，倒也罢了，但这一问题已成为内地与香港关系之中影响力最大的负面因素之一。

我一直强调一点，中国内地和香港的关系牵扯到“一国两制”这一大框架的一切方面。这“一切方面”不能被极少数的产业和公司的利益所绑架。这样说来，调整已经到了不能再推迟的地步。根据我的观察，2009年，在实行“自由行”6年之际，来自中国内地的一年总的访港游客数是

2 000多万人次，那时在香港社会层面上基本上没有看到大面积的抱怨或不满，反之大部分是热情、欢迎和正面的声音，来自内地的朋友受到欢迎之时也感觉到比较温馨。但随着“自由行”人数增加的幅度越来越大，内地赴港人数超过 3 000 万、3 500 万，甚至达到 4 000 万，香港的绝大部分老百姓承受不住这一巨大的人流冲击。一旦承受不住，就会把怨气转移到更敏感的渠道上，最后甚至有可能冲击“一国两制”这一基本政策。

解决之道：严格控制“水货客”

按照现在的统计技术，调查来港游客的现状依我看来并不困难。香港和内地方面都可以收集统计数据，特别是珠三角地区，或者类似深圳这样的前沿城市。再根据统计数据，把来自内地的访客分成几类：第一类与工作、就学相关；第二类为探亲类；第三类则是通常意义上的游客类。把这三类作为优先考虑对象，可以让他们随时随地进入香港。

真正需要严格控制的，是那些每天都去，甚至一天去很多次，以购物为主要目的，并且这些购物绝大多数不是为自身消费而是为倒卖商品的人，这类人被香港人称为“水货客”。这些人实际上是把“自由行”政策变成非法的谋生赚钱渠道。我们需要做的，应是对这类人进行严格限制。我有一个建议：列一项排序名册，第一次进入香港的游客，他们的分数最高，可优先入港；一年往返几次的游客给予第二类的优待；那些每个礼拜都往返的人，优待则相应减少。以此类推。（来工作、求学或探亲的人数不是太多，他们频繁往返不会造成太大影响。）

对于前几类人，应把一年总来访人数控制在 2009 年的人数规模之上，稳定一段时间后，看看成效如何。如果香港和内地大多数人的反应是正面的，那么这一安排就是可取的。只要这一问题在 2015 年的前半年能得到有效控制，在过去几年中的内地和香港关系中，产生伤害性气氛的甚至对政治构造造成不利影响的一大要素，就能够得到改进。

在这一问题上，广东在所有的省份中可以做的事情最多，而深圳在全广东的城市之中，又更是甚者。从这里做起，就能够对中国内地和香港关系的正面发展提高做贡献。我们过去经常疑惑的一点是：为什么香港有如此多的普通老百姓对内地抱有怨气？我想，上述问题是主要的并且理应得到妥善解决。

（本文由高伏曦整理）

丁学良

出身于皖南农村，读研于上海高校，见习于北京中心，游学于美国东北，就职于亚太美欧。1992 年获得哈佛大学博士学位后，先后在哈佛本科生院、国立澳大利亚大学亚太研究院等机构教学或专职研究。目前是香港科技大学教授、深圳大学中国海外利益研究中心指导、浙江大学公共政策研究院顾问。英文和中文著作分别由剑桥大学出版社、牛津大学出版社、台湾联经出版公司、韩国成均馆大学出版社、北京大学出版社等出版发行。新近著作包括《中国模式：赞成与反对》《我读天下无字书》《革命与反革命追忆》《中国的软实力和周边国家》等。

中国企业“走出去”有多难？

赵灵敏

汤加是一个只有 10 万人口的南太平洋岛国，距离北京大概 10 000 公里。由于路途遥远，大部分中国人根本就没有听过这个国名，也没有和这个国家发生过什么联系。但事实上，这里有 5 000～6 000 名中国人，大部分经营超市、餐馆和小生意。汤加每年有 1 亿～2 亿美元的侨汇，汤加人天生爱消费，中国人天生爱挣钱，所以这些侨汇很大一部分来自中国人。但挣了钱的中国人一不在岛上投资，二不在岛上置业，三不在岛上消费，而是全部汇往了国内，因此引发了当地人的不满。

2012 年 4 月《华尔街日报》的一篇报道详细介绍了中国在汤加的影响力：中国持有汤加 62%的外债，汤加欠中国两家国有银行的债务相当于经济规模的 1/4。在这里，很容易找到中国援建的体育场、议会大厦、政府办公楼、警察局等大型工程。但汤加人对此心情复杂：一方面对中国不附加任何政治条件的援助心存好感，另一方面却对华人移民的涌入抱着排斥的态度。另外，中国援建的道路有些没有应有的排水设施，结果下雨时路边房屋都被淹了；宏伟的公共建筑也不适应热带海洋性气候，无论是空调费还是维护费都很高，这也让汤加人有些失望。

另一个例子是伊拉克。2003 年，美国发动战争推翻萨达姆政权并在伊拉克驻军，大家都认为美国是无利不起早，无非眼馋伊拉克的石油利益。因为伊拉克探明石油储量约 1 150 亿桶，约占全球探明总储量的 10%，仅次于沙特阿拉伯和伊朗，居全球第三位。但伊拉克战争结束十几年来，中国却成了伊拉克石油利益的最大受益者。

伊拉克战争结束至今，伊拉克政府共进行了四轮石油对外招标，中国已成为伊拉克石油和天然气领域最大的单一投资国。中石油于前两轮招标中获得了伊拉克南部的鲁迈拉、哈法亚两个油田的标，还通过早期与伊拉克政府的协议，以旗下公司参与运营巴格达中南部的艾哈代布油田；中海油获得同属南部的米桑油田权益，并于2012年进入项目回收期；中石化则于2009年通过对瑞士Addax公司的收购交易，获得基尔库克地区的油田权益，是中国公司在伊拉克北部唯一的石油项目。

除了石油之外，中国在伊拉克的投资还包括上海电气在伊拉克的发电项目、中兴通讯在伊拉克的电信设施项目、中国建材承建的水泥厂以及中水电等中资承包建设的基础设施项目等。目前，中资企业在伊拉克的员工约1万人。另外，还有为数不少的中国人在伊拉克从事商贸、餐饮等生意，目前，来自中国的服装、工艺品、自行车、五金、文具、玩具、日用百货、电脑配件等日用品在伊拉克的市场占有率高达90%以上。日本《外交学者》杂志就认为，B&B（北京和巴格达）贸易轴心正在形成。

中国在汤加和伊拉克的存在和影响力，是中国全球影响力的一个缩影。伴随着中国经济实力的提升，自2001年提出“十五计划”开始，中国启动了“走出去”的国家战略，鼓励和支持有比较优势的企业对外投资，带动商品和劳务出口。2003—2012年这十年间，我国海外投资增长速度平均是41.6%，于2012年成为全世界第三大对外投资国。

2013年，中国境内投资者共对全球156个国家和地区的5 090家境外企业进行了直接投资，累计实现非金融类直接投资901.7亿美元，同比增长16.8%。而同期外商直接投资额为1 175.86亿美元，两者的差额正在不断缩小。2014年6月18日，李克强总理在英国发表重要演讲时说，2015—2020年这五年我国对外投资将要超过5 000亿美元。

但正如汤加的案例所展示的，在中国企业“走出去”的高歌猛进中，风险和烦恼也如影随形。“中国企业特别是民营企业‘走出去’，70%以上不盈利。”中国出口信用保险公司总经理助理谢志斌在2014年的一次主题论坛上表示。

政治风险

中国企业“走出去”，首先面对的是政治风险，具体而言，就是相关项目是否给你做、承揽之后又能否顺利进行的问题。各国的大型基础设施和能源项目，虽然大都进行招投标，但显然并不是完全的市场行为，在招投标过程中，双边的政治关系、来自其他国家的压力、企业背后的政府支持，都是重要的考量因素。

这方面比较早的案例，是2005年中海油收购加拿大优尼科石油公司铩羽而归的案例。当时中海油的报价是185亿美元，超出竞争对手雪佛龙公司的报价约10亿美元，而就在此前的十几天，海尔也宣布放弃以128亿美元收购美泰克；2005年，深圳华为技术有限公司与英国电信设备制造商马可尼公司展开了兼并谈判，但其后在政治力量的干预下音信全无；2006年，中国移动以53亿美元左右的报价竞购米雷康姆国际移动通信公司，却中途放弃。2011年9月，中国电力投资集团参与建设、投资额达36亿美元的缅甸密松电站工程因为缅甸国内政治形势的变化被突然叫停。

而在2014年，土耳其军购案的无疾而终和墨西哥高铁招标结果的被取消，是较新的两个案例。自从2013年下半年土耳其公布将会从中国精密机械进出口总公司购买远程导弹防御系统以来，土耳其对华军购的协议一波三折，直到今日仍然没有能够成功签订。这与来自北约的压力有很大关系。而中国铁建参与的墨西哥高铁项目，更是在宣布中标的三天后被取消，这同样和墨西哥国内政治的变化有关。

中国企业承揽的尼加拉瓜运河项目，未来也可能面临政治上的考验。尼加拉瓜运河项目能在2014年12月22日开工，关键是总统奥尔特加的支持。奥尔特加是游击队领袖出身，对中国比较友好，再加上振兴经济的考虑，所以青睐中国公司。但尼加拉瓜反对派一直批评奥尔特加及其家族通过此项目收受回扣、中饱私囊。此前几个月，因为运河征地问题，尼加拉瓜相关地区的农民已经进行了两次示威，并和警察发生混战。而尼加拉瓜会在2016年进行大选，一旦奥尔特加下台，加上民众的反对，运河项目能否继续就面临变数。

对于企业海外投资来说，政治风险差不多是不可控的，因为它更多来自两国的政治关系。要化解这种风险，更多要靠政府之间的良好关系和斡旋能力。

经济风险

经济风险则主要体现在环保风险和盈利的风险上。这些都跟一些中国企业和中国人在国内养成的不好的习惯有关。

2013年6月发生在加纳的中国人非法采金事件就是一个例证。加纳原本叫做黄金海岸，黄金开采有悠久的历史。最近几年，随着世界市场黄金价格不断飙升，加纳成为包括中国人在内的世界淘金者的梦想之地。但根据加纳法律，25 英亩[①]以上的金矿为大矿，可由国外公司开采；25 英亩以下的为小矿，只能由加纳本地人开采。而由于中国采金公司、机构普遍规模较小，大部分原本无法拥有开采许可证，于是他们就钻“外国人可以提供相关技术支持和设备保证”这一条法律规定的空子，并使用贿赂等手段把相关的手续摆平。更糟糕的是，这些采金者使用化学原料淘金，毁坏了大量农田和森林，污染了湖泊、河流和地下水源。

尼加拉瓜运河也有环保方面的隐忧。运河要经过尼加拉瓜湖，该湖的平均深度在 10 米左右，小于大型货轮通航所需的 25 米，需要进行湖底加深作业，这会对湖泊水质和周边生态环境造成严重影响，而人工贯通太平洋和大西洋可能会引发物种入侵等生态灾难。此外，运河还会经过一个著名的自然保护区，该保护区是 120 余种动物的家园。随着工程的全面推进和环保问题的进一步显现，尼加拉瓜政府和民众的态度都可能发生变化。

盈利风险则要求企业在招投标阶段注重经济效益，不做赔本买卖。现在，大量国企到海外投资，很多时候秉承的是一套好大喜功的逻辑：以极低的价格投标，只求中标以彰显政绩吸引眼球，赔钱也要赚吆喝。

2009 年，中国铁建以 17.7 亿美元承揽了沙特的麦加轻轨工程，这一价格甚至远远低于沙特当地铁路建设公司 27 亿美元的出价，最终这一“中沙两国的标志性项目”亏损 41 亿元人民币。2014 年，中国铁建又投标墨西哥高铁工程，210 公里高铁建设的合同额仅为 178.53 亿元人民币，而 117 公里京津城际高铁的建设费用是 197 亿元。墨西哥的人均 GDP 超过 1 万美元，其高铁项目里程比京津城际多了近 100 公里，但前者的投标价格居然低于后者。可以预测，如果承建，亏损至少在百亿元以上。幸好投标结果最终被墨西哥政府取消，避免了比沙特那次更大的损失。

恐怖袭击的风险

1994 年 8 月 15 日，中国在阿尔及利亚工作的一名工程人员和一名翻译被恐怖分子枪杀，这是已知的较早发生的针对中国平民的恐怖活动事件。从近几年的情况看，这类事件往往针对的是中资机构在当地的工作人员，手段残忍，导致的伤亡人数多，并伴随着政治目的，发生地点以巴基斯坦、阿富汗等反恐前线国家和非洲为主。而在 2014 年，类似的事件发生

① 1 英亩约为 4 046.86 平方米。

了多起：4 月 18 日，两名中国工程师在苏丹西科尔多凡州遭武装分子绑架；5 月中旬，10 名中国工人在喀麦隆遭极端组织“博科圣地”绑架；5 月 21 日，一名中国工程师在利比亚第二大城市班加西遭枪手射杀。这显示了这类事件的一个新趋势，那就是发生在非洲的针对中国人的恐怖袭击事件这几年有明显增加之势。

在改革开放之前，中国处于封闭状态，对外战略以革命和意识形态为先，不需要在全世界找能源，也没有能力在全世界进行投资。在处理和非洲等第三世界国家的关系上，不但没利益冲突，而且经常勒紧裤带给予大量援助，因此在那个阶段，中国不是恐怖袭击的对象。但到了今天，中国的利益已经遍布全世界，与其他国家和群体的利益碰撞非常频繁，遭到报复和打击也就不可避免。除非中国退回到封闭状态，否则就得面对这样的现实。就像 20 世纪 70 年代在海外被绑架的大多是日本人一样，这是个无可避免的发展阶段，也是中国成为一个大国必须付出的代价。

而对于中国的企业和政府来说，出于现实利益的需要，即使有风险也必须留在那里。中国近年来的能源需求急剧增加，2013 年 9 月已经超过美国成为全球最大的石油进口国。在这种情况下，在全世界寻找能源就成了政府的急务，而国企是当然的推手。在这种情况下，即便一些地方的安全环境有一定风险，这些企业也必须迎难而上。在类似的利益面前，很少有国家会因有恐怖袭击而放弃。

赵灵敏

《世界灵敏度》创始人，国际问题评论员，曾担任《南风窗》杂志执行主编，新加坡国立大学东亚研究所访问学者，美国国务院领导力项目访问学者。

中国正在经历最伟大的变革

［美］罗伯特·劳伦斯·库恩

2020年的中国，究竟是何模样？评估当下的中国领导人习近平，或能解答这个世人饶有兴趣的重要议题。习近平是中国共产党中央委员会总书记、中国国家主席、中央军事委员会主席。其实，关于他的治国理念，从他的新作《习近平谈治国理政》，我们已经可以进行清晰且全面的解读。

2014年10月8日，在法兰克福国际书展，该书的首发式引起了轰动。要知道，法兰克福书展是世界上规模最大的国际图书博览会之一，我也应邀参加。《习近平谈治国理政》，是由中国国务院新闻办公室（国新办）会同中共中央文献研究室、中国外文局编辑的，以九种语言同时出版发行。显然，在我们看来，这是一个庞大的翻译和出版任务。

这为我多层次洞察习主席思考方式提供了材料。毋庸置疑，正如出版商注解，习近平以文字形式向世界发出清晰的政治宣誓，作为中共中央新一届总书记和中国新一届国家主席，面对各种问题和挑战，深化推动改革开放，促进国家治理体系现代化，实现中华民族伟大复兴以及中国梦。

在我看来，这书是研究中国执政思想的重要文件，是实现“中国梦”及“伟大复兴”的蓝本。

四大核心词彰显治国关键

我一直在思索：这本著作的出版目的是什么？我得出了三点结论。

首先，从内容看，该书贯穿习式执政哲学及思维方式。书中把习近平的79次讲话、评论以及访谈整理成18个专题。显然，“习式治国”并不局限于运用政治结构和功能，治国理政的内容可谓包罗万象，包括各种国家活动以及公民事务，从而引领民族复兴和社会繁荣。

其次，更重要的是，该书具有象征性意义。这个权威著作包括习近平成为中共中央总书记后两年内出版的小型传记。以中国的特殊方式，该书彰显习近平整合权力的信心和决心。此外，该书标题“习近平谈治国理政”，也反映了他坚定的信念。当前中国需要果断的领导人，需要新思维，以及坚定奉献和敢于担当的承诺。

最后，这本书也是一个信号，确认习近平作为中国国家最高领导人与世界沟通的方式。该书以九种语言出版，明确提出他的主张。习近平要让世界了解他的执政理念和政策，以彰显他作为中国领导人的责任。

本书有几个核心词，我认为也是中国治理之路的关键词：自豪、稳定、责任、远景。

“自豪”表达了中国人民渴望实现中华民族的“伟大复兴”；“稳定”指保持现行政治制度，也就是中国共产党领导的具有中国特色的社会主义制度特色；“责任”意味着在党的百年诞辰（2021）实现小康社会；“远景”指在中华人民共和国成立一百周年（2049）把中国变成富强、民主、文明、和谐的社会主义现代化国家。

“政治和人民”占了全书三分之一

中国下一轮理政重点何在？通过分析这本书，是否可了解中国领导层的心思？尽管做这样的判断不免武断，但我相信，相对数量揭示相对重要性——本书重复出现的内容，将是中国未来发展的重中之重。比如，全书约33%是关于政治和人民的，33%涉及国际关系，15%的内容是关于改革发展以及社会文化的，国家安全与国防不足10%，而改革则贯穿了全书。

全书18个部分都提到了“政治稳定”，这也是治理者最关心的项目。“坚持和发展中国特色社会主义”是本书的第一部分，肯定中国的根本政治理论。“提高党的领导水平”是最后一部分，强调党的持续执政状态。这两个部分都突出强调中国领导人的承诺，为了国家和人民维护中国目前的政党制度，以实现中国梦。

书中确定政治体制是基础，“实现中华民族伟大复兴的中国梦”是第二部分，强调全面的民族自豪感以及自我价值实现。经济增长是实现现代化的驱动力，“改革”和“发展”紧随其后。当前中国关于综合改革的承诺，不是西方模式的多党制或者一人一票选举，而是更为宏大广阔的改革，是力求改变中国的经济、社会、文化，包括提高法治透明度以及持续反腐。

还有几个词，值得我们关注。书中“价值观”一词出现约 120 次，“道德观”出现 24 次，“繁荣”出现 67 次，“公平”出现 44 次，“幸福感”出现 16 次。

有人认为，中国惊人的物质成功不免让人担心，“消费主义”以及追求金钱和财富会蚕食中国的价值观。但是，新一届领导人提倡中国传统价值，即“古代圣贤的思想”，例如在社会主义核心价值观中融入一些儒家思想，强调“富强、民主、文明、和谐、自由、平等、公正、法治、爱国、敬业、诚信、友善”。“要培养和传播社会主义核心价值观，”习近平说，“我们必须以中国传统文化为基础……中国传统美德是中国文化的精髓。”相比起来，此前中国领导人并没有如此明确地支持社会主义核心价值观是基于中国传统价值观。

同理，可以从价值观引出道德观，“法律意识”和“公民道德建设”需要提高，所以“道德模范是建立公共道德标准的重要旗帜”，例如习近平指出，传统美德“君子以厚德载物”即为一种模范。而繁荣、公平、幸福感，显然是重要目标，书中提到，“共同富裕是中国特色社会主义的根本原则，我们将加速中国的整体繁荣”“应该致力于促进公平和正义”“幸福不会从天上掉下来的，梦想也不会自动实现”等等。

改革依然是时代最强音

2006 年，我和朱亚当（库恩的长期合作伙伴）私下会见了当时还是浙江省委书记的习近平。他当时强调，中国应该为所取得的成绩感到骄傲，但“有成就不该自满”，“我们需要客观地评价自己”。由此可见这位中国领导人执政的连贯性。我断定，关于“反腐”的做法，绝非偶然，中国领导人极力想通过这一点把党和群众紧密联系在一起。

因此，有几个关键词值得我们推敲。

亲民：包罗万象的执政思维，正如“江海不择细流，故能就其深”，亲民如是。

务实：习近平曾多次表示，“中华民族的伟大复兴绝不可能轻易实现”，“在肯定所取得的成绩的同时，也应该充分认识到不足之处”。

改革：依然是时代最强音，全书有400多次提及“改革”二字，可见攻坚的任务还在继续。在《关于〈中共中央关于全面深化改革若干重大问题的决定〉的说明》中写得非常清楚，中国将继续推进改革措施。举两个具有深远意义的改革：目前“市场”在资源配置中起“决定性的作用”，以及司法系统从地方行政体系中分离，更加独立透明。在中共中央十八届四中全会中，聚焦依法治国，集中体现习近平的行动号召力。

这一届中央政府对中国主权的重视，也体现了其民族自豪感。在呼吁“自主创新”的同时，习近平也表示，中国“不能总是用别人的昨天来装扮自己的明天，不能总是指望依赖他人的科技成果来提高自己的科技水平”。另外，这一届中央政府继续明确强调中国的主权，他表示，在追求和平发展的同时，中国不会牺牲合法权利以及核心利益。

需要指出的是，直到如今，对中国的误解依然比比皆是，这一届中央政府，全面地呈现了治国理念，试图打消世人对中国的各种猜测。作为全球人口最多的国家，中国正在经历历史上最伟大的变革，它的一举一动，值得世界高度关注。

（本文由陈峥翻译，感谢朱亚当先生对此文的帮助）

罗伯特·劳伦斯·库恩

美国库恩集团主席、国际投资银行家，同时也是知名的中国问题专家。长期担任中国政府高级外国顾问，被认为是中国发展的理性“旁观者”，同时也是一位客观讲述者。著有《他改变了中国：江泽民传》等关于中国和中国领导人的多部著作，受到了西方读者的广泛关注。

中国改革的制高点

［美］迈克尔·斯宾塞

中国国家主席习近平的大规模的反腐败斗争，已经达成了多项关键目标：兑现共产党长期以来的承诺，建立一个优质的社会管理体系，将重塑在民众中的威信向前推进了重要一步；向过去几十年一直由国有企业主导的旧模式发起挑战；触及了阻挠改革推进力量的核心利益；巩固了习近平在私有企业中的威望，若在官僚主义作风之下，将远无此等效果。问题是，在习近平的带领下，改革将要走多远？

当然，习近平的改革还没有完成，在 2014 年 11 月党的十八届四中全会上，他力图以一系列法律上的改革为企业创造一个更公平的竞争环境。如果实施得当，改革将创造一个更有效的契约和执法体系，舒缓市场进入者的压力，加强中国竞争法的实施。

对法治的忠诚度越高，对创造法治社会和金融基础设施建设就越有利。减少私有企业包括财务公开方面的违法违规现象，与资本开放并行，将有助于加快服务业等新兴行业发展，创造更多的城镇就业的机会。

只有对数额巨大的公共资产进行更妥善的管理，其中包括对 3.5 万亿～4 万亿美元的外汇储备、大量的土地储备、对经济起主导作用的国有企业等进行妥善管理，才能实现上述目标。事实上，这还对促进竞争、鼓励创新、加强金融体系的建设、扩大资本效用等方面起重要作用。

现在的问题是，中国如何能做到这一点？中国经济遵循的是经济“制高点”模式，共产党领导下的多党合作和政治协商制度、国有企业独大的经济体制、蓬勃发展的私有企业，这些在推动经济增长和就业。在此背景下，中国追寻精英管理模式是非常重要的。然而，在国有企业和私有企业中，竞争是不可取代的，至少若以创新和结构改革为目标的话，竞争是不可替代的。

当然，习近平可以简单地声明，公有制经济主导的中国模式在过去几十年中运行良好，将来仍能得到很好的发展。但是发达经济体依靠个体经济的强大生命力发展的经验告诉中国，要发展，就要面对个体经济的薄弱环节。但是，这并不是习近平愿意采取的方式。

另一种方法是实施私有化的持续计划，以减少国家庞大的资产负债表中的资产项目总额。但是，中国的资产负债表已经运作得很好，并刺激了极高投资率的快速增长。与此同时，许多发达经济体已经承受了来自资产负债表中有限的不良评估的资产、外债和非债务负债构成不合理的巨大打击。

事实上，由于资本和劳动之间的收入分配（以及各劳动阶层的收入分配）日益不平等，更大的公共资产储备肯定有可取之处，因为它平衡着资本和劳动财富的分配，即使这种作用是间接的。公共资产不仅有缓冲和抵抗负面趋势的作用，还可以为社会保险提供更多的资金。

中国的问题不在于国有资产的数量，而在于资产集中于少数的企业和行业中——这种情况对经济表现构成威胁。鉴于此，合理的解决方案不是放弃公有制经济，而是随时间的推移使其向多样化方向发展。

这种方法有许多好处。首先，它在调节中央资产负债表的过程中，令市场发挥更大的作用，增加就业，鼓励创新，推进经济结构的转型。总而言之，以基础设施、人力资本、经济的知识和技术为基础的公共投资仍将是至关重要的。

此外，中国的资本所有制的多样化将大大深化其金融市场。在接下来的几年中，随着已交易和可交易的国有部门资本化股份的上升（从今天的10%～15%的基准上），更多的机构投资者，如养老基金和保险公司，将介入当前由散户投资者主导的中国股权交易。这将为一个日益富裕的群体增加储蓄的选择，并加强对长期投资发展的支持。

债券市场也将受益于这一初始阶段。模糊私有企业和国有企业之间的界限，随着时间的推移，会减少后者因对银行融资的过度使用，导致公司债券市场扩张而享有的特权。

随着公共部门比如社会保障机构和主权财富基金组织持有更多元化的资产组合，这些刺激因素将从本质上减少由于国家持有大量股权而对市场造成的干预。这一点，随竞争法的进一步强制推行，逐步提升市场竞争程度而得以发展，但中国仍要走很长的路。

明确规定信托责任和管理模式，将有助于确保公共资产受到最大化长期风险投资回报的管理，从而使公众和国家成为受益者，使市场作为是否有效率和创新的裁定者。最佳的国有企业管理模式将会浮现，并扮演成功的、表现卓越的参与者的角色，以适应扩大的市场竞争和结合创新的规模经济的发展需要。

确实，国有企业的资产管理可以“外包”，私有资产管理者也可以竞争上岗。这将加速资产管理产业的发展，对储户和投资者都能带来长远利益。

中国不必放弃由庞大资产的持有所提供的安全网，以让市场在微观经济中扮演决定性的角色。它可以抛弃制高点模式，发展自己的国有资产模式，以得到最佳效果。所有这一切都需要政府对公共利益持续的、强有力的保障——当然了，还需要巧妙地执行改革战略。

（本文由黄海琳翻译，感谢深圳大学张继海副教授对此文翻译的指点）

迈克尔·斯宾塞

2001年诺贝尔经济学奖得主，美国纽约大学教授。迈克尔·斯宾塞最重要的研究成果是市场中具有信息优势的个体为了避免与逆向选择相关的一些问题发生，如何将其信息“信号”可信地传递给在信息上具有劣势的个体。近年来，迈克尔·斯宾塞一直关注中国经济发展问题，并多次来华发表演讲。

第 2 章

日本观察

日本观察

作为中国的近邻，日本一直让国人感情复杂。

一方面，两个国家一衣带水，隔海相望，有密切的经济、文化交流。另一方面，日本在明朝、20 世纪都有侵华历史，同时又在历史问题上缺乏反省。日本 GDP 曾长期占据世界第二，但在 2010 年被中国追上。而钓鱼岛问题，更是中日关系中的一个定时炸弹。近来，日本首相安倍晋三多次参拜靖国神社，刺激了很多东亚、东南亚国家。

2014 年 11 月在北京举行的 APEC 会议上，中日领导人进行了礼节性的会晤，中日关系迎来转机。但是，曙光会否出现？中日关系会否重回正轨？目前仍是未知数。但需要正视的是，安倍能获得民众的鼎力支持，说明日本政局复杂之程度超乎想象，经济、社会、精神上的层层阴云依旧笼罩着这个岛国。几位资深日本问题专家，将为我们讲述他们眼中的日本。

为日中和平与发展

［日］鸠山由纪夫

在2014年11月举行的APEC北京峰会上，安倍晋三首相和习近平主席久违地进行了简短的领导人会谈。在会谈中，习主席指出："只有日本遵守历代政府的承诺，中日才能够缔结面向未来的友好关系。"对此安倍首相则答道："我将遵守历届政府的言论。"这段对话具有重大意义。因为安倍首相在过去曾称："不会继承村山谈话。"

今年（2015年）时值二战结束70周年，据称将发表安倍谈话。而这一谈话中是否包含村山谈话的关键内容，即"殖民统治和侵略给各国人民带来了巨大损害和痛苦，对此深表歉意"，决定了今后的日中关系能否取得巨大的发展。安倍首相称："相对于是否延用我们已经重复的措辞，我更希望发表的谈话中可以反映出安倍政府如何看待这一问题。"如果对二战抱有深刻反省，就必须明白，如果不将谢罪的措辞加进"殖民统治"和"侵略"中，则将无法向对方传递反省之情。

此外，本次领导人会谈前达成了四项原则共识。该共识文件指出，将遵守日中间缔结的四个政治文件的各项原则。因此两国均认同了应求同存异，通过协商妥善解决争端。而且围绕钓鱼岛问题，共识文件也认可了双方持不同意见的事实。

因此，围绕两国持有异议的钓鱼岛问题，双方应遵循共识文件，通过协商妥善处理。若只以实现首脑会谈为目的，不切实履行会谈内容，两国关系将更加紧张。为此两国应体谅对方，在今年认真推进四项共识。

我绝不认为通过军事武力可以给世界带来和平。日中双方不应强化各国武力，应以尊重友爱之情，通过加强对话谋求解决之路。

也就是说，为解决政治方面的各项课题，日中双方应积极协商，同时在可以展开合作的领域积极推进合作关系。这不仅对两国，对东亚的和平和发展也极其重要。希望可以描绘东亚共同体蓝图，发展多层次的日中关系。

在经济领域，今年将实现东盟经济统合。此外，去年年末，中韩间缔结了 FTA(《自由贸易协定》)，这样仅剩日本还未签署。与 TPP 协定(《跨太平洋伙伴关系协定》) 相比，日本应更重视日中韩 FTA 协定，今年应积极推进该协定的谈判。这是因为日中韩三国产业结构相辅相成，可以实现互惠共赢。

此外，以东南亚为中心，亚洲的基础设施建设尚存不足。本次为加快推进亚洲的基础设施建设，就以中国为核心成立亚洲基础设施投资银行 (AIIB) 达成共识。通过本次银行的成立，可以说习主席提出的建设“21世纪海上丝绸之路”的构想将逐渐走上合作正轨。我认为，正因为目前日中政治关系紧张，日本才应开阔胸襟，为建立 AIIB 贡献一己之力。

在教育领域，我认为理应积极推进现已开始的亚洲校园构想。目前日中韩三国间的交流仅限 10 所大学间，希望可以增加交流院校数量，并增加对象国的数量，为亚洲学生创造超越国界的学习环境。

在文化交流领域，由我提出的东亚文化之都构想已经正式启动。日中韩三国每年各自决定一个城市，在该城市举办各种各样的亚洲文化活动，我相信加强文化之间的交流必然会为深化亚洲人民之间的友情做出巨大贡献。

在能源领域，将蒙古国和中国内蒙古的风能以及太阳光能等自然能源转化为电能，并通过输电网提供给亚洲，这一亚洲超级电网构想项目令人兴趣倍增。通过共享能源，亚洲将成为命运共同体。

而且，日中双方在环境领域具有很大的合作潜力。可以说，两国进行技术合作，让北京重现蓝天是当务之急，例如关于 PM 2.5 的防治措施等。可以说，正因为日本将高水平的煤炭火力发电技术输入中国，所以日本的总二氧化碳排放量也得到了削减。此外，亚洲的青少年参与植树造林活动，也可以提高年轻人的环保意识。

这种合作事业的领军者只有日本和中国。反之，如果日中不合作，亚洲的和平和稳定将只是纸上谈兵。为了中日双方，两国的政界应提高觉悟。衷心祈祷今年可以成为东亚共同体的开创元年。

（本文由蒋斐滢翻译）

鸠山由纪夫

日本前首相、政治家，北海道人，政治世家出身。曾任日本民主党党首，他和小泽一郎、菅直人是民主党的“三驾马车”。2009 年 9 月，当选日本第 93 任、第 60 位首相。2010 年 6 月辞去首相职务。外界评价鸠山性格稳健，不露锋芒，有“鸽子”的绰号，重视“忍功”。他对中国实施友爱外交，承认钓鱼岛存主权争议并反对参拜靖国神社，对中日关系有显著贡献。

谁是日本的“右翼”？

[日] 田岛英一

“右翼”这一字眼我很熟悉，但最近却有点不敢确定它的准确含义是什么了。在我看来，国外媒体所说的“日本右翼”似乎已经没有了原来的内容，意思开始变得模糊起来。

“亲美保守”和“反美保守”

事实上，在日本，那些被视为“右翼”的群体自称为“保守派”。而在二战后的日本，“保守派”基本可以分为两类，即“亲美保守”和“反美保守”。要说“亲美保守”，很典型的一个人物就是赤尾敏（1899—1990)。赤尾敏强烈要求日本政府与英美两国并肩作战，与苏联、中国等社会主义国家对抗到底。而在遭美军排斥丢了乌纱帽之后，赤尾敏便又立即组织大日本爱国党，就任党总裁。虽然他终究没能实现重回国会的梦想，但现在很多40岁以上的日本人应该都还记得他的名字，因为他几乎每天都会站在有乐町火车站（东京银座附近）做演讲，宣传自己的政治主张。与他相对，那位在中国因钓鱼岛问题而“臭名昭著”的前东京都知事石原慎太郎，则带有明显的“反美”色彩。1989年，他与索尼公司董事长盛田昭夫合写《日本可以说“不”》。书中大肆批判了美国的“低效率的生产力”“基督教文明征服世界的野心”等等，并要求日本脱离对美国的依赖。可以说，石原慎太郎基本上就属于“反美保守”。

20世纪七八十年代，代表日本保守势力的自民党因为执政需要而回避极端，所以当时的石原慎太郎只能沦为边缘势力，在国政上一度失去影响力。而在当时的冷战格局下，无论在政治还是在经济上，日本都需要拉拢中国。例如，当时的几任首相田中角荣（新潟县选出的议员）、竹下登（岛根县选出的议员）等，他们在任时期对中国都很友好。事实上，为了兑现竞选时的诺言，为了推进自己家乡的经济建设，他们的的确确需要中国的力量。因为要把新潟县、岛根县等日本沿海地区的经济发展起来，就肯定要为环日本海经济圈制造活动空间。

日本社会的民族主义氛围

然而在20世纪90年代之后，日本的社会氛围发生了巨大的变化。

第一，日本经济萧条日益明显，而中国、韩国等新型工业国家的经济却迅速发展。很多日本民众对社会现状非常沮丧，其中不乏开始心生嫉妒的。尤其是看见大量的中国游客到日本来旅游，大批大批地购买日本产品。而在此基础上，如果双方还因为文化差异引发误解的话，那就更避免不了产生反感了。

第二，国际法的新潮流逐渐允许个人把国家告上法庭，于是亚洲也有不少二战受害者开始告日本政府。在这样的情况下，日本人不得不重新面对重庆轰炸、“731”部队、“慰安妇”制度中的种种罪行。这样一来难免会让部分日本人恼羞成怒，从而对中韩两国不怀好感。

第三，朝鲜对日本人的绑架问题以及核武器开发，让日本人感到愤慨和不安，部分日本人甚至觉得其他亚洲国家太刁蛮，缺乏信任，还不如靠美国。

第四，在进入21世纪以后，小泉纯一郎推进的改革具有新自由主义的倾向。随着日本社会贫富差距的扩大，“失败者”的“愤青化”这一不分国界的现象也在日本出现。对于这些不想面对现实的“失败者”来说，民族主义是最好的“精神鸦片”。于是因为历史问题、钓鱼岛问题而与日本有分歧的中国，自然而然地就变成了他们的“出气筒”。

当然，这些变化也并不是系统性的、思想性的，只不过是某种氛围在作怪。所以这些所谓的“右翼”也与20世纪七八十年代的“亲美保守”“反美保守”有很大的不同。虽然我不反对有人将这一类人称为“右翼”，但我也不得不提醒一下大家，此“右翼”非彼“右翼”也。

危险的平衡

那么有人肯定会问，这一催生新“右翼”的社会氛围是否和政治相关？我认为，是社会氛围在先还是政治在先这个问题就好比先有鸡还是先有鸡蛋的关系，难以分辨。反正21世纪的自民党也已经不是过去的自民党了。田中角荣、竹下登等政客所属的“周四俱乐部”系统也渐渐地失去势力，而替代他们抬头的则是继承佐藤荣作亲美路线的清和会[①]系统。尤其是小泉纯一郎、安倍晋三等清和会系统的首相在外交上紧紧地依靠美国，打出所谓的“价值观外交”，就好像要推动日本进入新冷战时代一样。而在经济方面，他们推进的新自由主义改革扩大了贫富差距，但他们的鹰派言论、靖国神社参拜秀等也成功地为那些“失败者”释放了“怨气”。所以在我看来，现在的日本政治就建立在这种危险的平衡上。

此外，目前还存有另一个危险的平衡，那就是安倍晋三这个人的两面性。在经济上，他还做着春秋大梦，想让日本重返20世纪经济高速发展的时代。我们都知道，那个时代的发展是在美国的保护伞下实现的，所以安倍现在一门心思地想通过TPP协定和新自由主义改革来靠近美国。然而在政治上，安倍却否定美国建立的战后格局，准备修改《日本国宪法》，也不愿意承认日本在二战时期所犯下的罪行。也就是说，从经济方面来看，他好像是“亲美保守”，但在政治方面，似乎又隐藏着“反美保守”的面孔。不过，想到这一点我们似乎就可以明白为什么奥巴马会对“亲美”的安倍如此冷淡了。

最后，至于你问我这两个危险的平衡将会持续多久，我觉得这就要看现在的新“右翼”愿意跟自民党政权穿一条裤子走多久了。

① 清和会：自民党内派系。

田岛英一

日本庆应义塾大学综合政策系教授。专业是中国社会研究，尤其是社会思潮、社会团体等领域的研究。主要著作有《中国人的生活方式》《上海》《协动体主义》《被戏弄的民族主义》等。

安倍会把纠结带入未来吗？

徐静波

日本首相安倍晋三去北京参加 APEC 首脑峰会之前，派了自己最亲近的高级助手、日本国安局长谷内正太郎赴北京，直接与中国国务委员杨洁篪进行会谈。

2014 年 11 月 7 日下午，中日两国外交部在约定的时间里，同时发表了四项原则共识，为实现两国领导人的会见铺平了道路。日本媒体评论说，这是 2014 年安倍作出的最大的外交让步。但是，在涉及两国与东亚和平的大是大非问题上，安倍如果依然坚持错误立场，把纠结带入未来，那么中日两国又将经历怎样的考验呢？

安倍外交的“入套”与“解套”

美国《时代》杂志日本版在 2014 年的最后一期中对安倍过去一年的政绩进行了打分，结果最高分是“外交”，得了 8 分。而“经济 · 内政”才得 6 分。

杂志认为，安倍上台两年间，旋风般地访问了 50 个国家。虽然访问的最后一个国家才是中国，但是，不管怎么样，这一次的访问，至少为改善两国关系迈出了第一步。

日本舆论认为，“钓鱼岛之争”让安倍获得了从未有过的增加军费和增强自卫队装备的机会。因此，他上台后，凭借鼓吹“中国威胁论”和“中国战争论”，轻而易举地实现了过去 11 年以来的首次防卫预算正增长。同时，日本还购买鱼鹰运输机和美式水陆战车，用标准的美式装备着手组建一支准海军陆战队，以作为钓鱼岛被中国人民解放军接手之后的“夺岛部队”。

其实，在安倍去北京见习近平之前，他已经搞定了这一切。因此，在“坐稳江山”的背景下，安倍开始寻求外交的“解套”。而由他亲自审定认可的这四项原则，可以说是他“解套”的最大砝码，因为在这四项原则中，他已经变相地承认了中国政府对于钓鱼岛的主权主张，同时也委婉地表明了自己不会再去参拜靖国神社的立场。这两个承诺，让中国政府有条件地给了他一个台阶，安倍也因此可以踏进北京人民大会堂见到习近平。

中日对立，也波及了日本经济。在2014年，日本对华投资大幅下降了44%，看似是中国吃亏，但是，搬迁到东南亚的日本企业发现当地的劳动力成本已经开始与中国持平。劳民伤财式的搬迁，已经让不少日本企业后悔。

“父子兵”能否升格为“兄弟连”

安倍的外公叫岸信介。1960年，岸信介在担任首相期间，不顾大学生和工人团体的流血抗议，与美国签署了《日美安全保障条约》，请求美国负责日本的国家安全。而日本则以提供美军基地建设用地和一年3 000多亿日元的基地维护费向美国缴纳“保护费”。岸信介在日记中写道：

> 我知道学生们反对《日美安全保障条约》是如何激烈，但是日本要从美国的占领之下独立出来，只有签署两国的安保条约，才能寻求国家关系的平等，摆脱被占领国的不名誉的现实。

《日美安全保障条约》签署生效之后，岸信介就被迫辞职。52年过后，岸信介的这位外孙第二次当选为日本首相。安倍在家里看了好几遍的一本书就是《岸信介证言录》。在这本书中，岸信介详细回忆了缔结《日美安全保障条约》的前因后果。安倍心里想得最多的是，接下来如何完成外公的遗愿：实现日美平等关系。

为了实现岸信介的这一遗愿，安倍在上台后，极力推进日美安全保障合作，并在2014年7月以内阁决定的形式通过了“行使集体自卫权”的决定。

10月，日美两国拟定了一份制定新《日美防卫合作指针》的中间报告。中间报告提出，日美将在从“平时”“灰色地带事态”到“战时”的任何阶段展开无缝合作。这些合作措施包括海洋安全保障、情报搜集、预警侦察、训练演习、设施和区域利用及防护、后方支援、装备防护、防空和导弹防御、临检等确保经济制裁效果的活动，以及太空网络安全合作等。

这份报告删除了现行《日美防卫合作指针》中有关“周边事态”的提法，强调为反映日美同盟的“全球性质”，日美将扩大军事合作范围，强化军事合作力度，促进与地区盟国、伙伴国的三国间或多国间安保和防卫合作。

假如中间报告中提出的目标得以实现，那么，美国与日本的关系，将从岸信介时代的“父子兵”升格为安倍时代的“兄弟连”。日美平等关系的梦想也许就能实现。

但是，安倍很快发现，自从习近平与奥巴马在北京会谈 10 个小时之后，奥巴马对安倍的态度就发生了大变。一个月之后，华盛顿就传出消息，称美国政府不同意日本期望的自卫队与美军一起走向全球的意见，规定日美行使集体自卫权的范围只能在日本的周边。2015 年的元旦前，美国又向日本提出了推迟决定日美新防卫指针的要求。

以上信息，让安倍担心，中美两国开始联手管控日本。美国只需要日本掏钱买美式军火，而不会帮日本守护钓鱼岛。

最大的难题是经济

在 2014 年末，安倍突然作出了一个决定：解散众议院，举行大选。

直接导致安倍决定解散众议院、举行大选的原因，是消费税在 2015 年 10 月从 8%提高到 10%的计划无法实现。无法实现的原因是，2014 年 4 月将消费税从 5%提高到 8%之后，整个消费市场陷入一片低迷的凄景。国内外舆论因此怀疑安倍经济学已经走到了尽头。

“不是我的错!”安倍如此说。或许仅仅是为了证明自己是一个聪明的人，绝不会拿错误的政策愚弄百姓，安倍决定解散众议院，再次问信国民：我到底有没有错?

结果大大超出了人们的预估：安倍自己担任主席的自民党单独获得绝

对过半数的290议席，加上联合执政的公明党，安倍政权在众议院的议席已经达到325席，超过了三分之二议席所需的317议席。

安倍为什么会取得此次大选的胜利?

最大的原因还在于他实施的安倍经济学在一定程度上让日本经济产生了复苏迹象。明显的标志有三个：股价涨了一倍以上，所有跨国大企业都实现了盈利，日本的就业人口实现了月增10万人的目标。

虽然消费市场因为增税而低迷，劳动者的收入连续17个月出现实质性减少，日元贬值导致物价上涨，但是，2014年冬季的奖金，大企业平均增加了10%以上。而且日本大企业俱乐部——日本经济团体联合会会长也已向安倍保证：2015年春天绝对再加工资。这些现象，让那些对日本前景和安倍政权感到不满的人开始相信安倍的顽固：说不定，这小子还真行。

在2014年的最后一个星期，安倍宣布了一系列振兴经济的最新计划，他要在2015年4月之前，抛出一系列的经济刺激政策，包括发钱，给日本经济打鸡血。同时，在元旦过后，立即着手制定2014年度补充预算案和2015年度预算案，扩大国债的发行量来扩充预算，增加公共建设投资。

安倍其实脑子很清楚，“水能载舟，亦能覆舟”，所以他如此警告自己的手下：

> 看似我们获得了大胜，但是如果不马上拿出成绩，一夜之间我们就可能失去民众的支持。

如果安倍经济改革获得成功，在2015年9月的自民党党首选举中，安倍就有可能获得连任，他还能当4年的首相。那么在彻底坐稳江山之后，安倍最想做什么？我们不得不担心：修宪。因为日本国会法规定，超过三分之二议员赞同的话，可以修改宪法。安倍政党已经具备了修宪的法理基础。

我们无法阻止安倍修宪，但是在历史问题上，日本不与中韩彻底和解的话，日本将永远难以获得邻国的信赖。同时，安倍修宪如果彻底放弃“专守防卫”基本原则的话，那么，他也会把这个岛国推向战争。

徐静波

祖籍浙江舟山。曾是我国台湾女作家三毛的大陆著作代理人。1992 年赴日本留学，毕业于东海大学大学院文学专业。2000 年担任亚洲通讯社社长，并创办中文网站“日本新闻网”。2001 年创办日文报纸《中国经济新闻》。著有《2023 年的中国》《静说日本》等书。

安倍“组合拳”能否拯救日本？

陈　言

2014年圣诞，东京街头到处是欢快的歌声，大大小小的霓虹灯装饰了大多数商业街，节日气氛十分浓烈。尽管没有人把这种热烈的气氛和新内阁的成立联系起来，但安倍心情特别好。12月24日起，新一届众议院开始运行。这是安倍第三次组建内阁了。这个内阁已经有了充分的政治经验，党内无劲敌，议会内找不到可以和自民党辩论的政党，舆论经过对《朝日新闻》等自由派媒体的彻底打击，已经基本上统一在了安倍身边。相信自己能做得更好，安倍非常有信心。但事实真的如安倍所说的那么乐观吗？安倍经济学能在多大程度上提振日本的经济呢？

就业率上升，工资下滑

过节了，街上的喧嚣，热烈的气氛，好像人人都会动一下心，走进灯火辉煌的商店，购买一份送给家人的礼物。但东京和往年比，气氛尽管依旧热烈，购物的人却似乎比往年要少，消费者把钱包捂得紧紧的。

“安倍经济学已经让100万人获得了工作，大家的工资也得以提升。”在12月的选举战中，自民党强调的是自己的经济政策给日本带来的实惠。100万个工作机会，在人口只有中国十分之一的日本，是个很大的数字。日本人口扩大10倍的话，这个数字应该能变成1 000万个工作机会。在经济很不景气、工厂不断外迁、设备投资很少的国家，创立100万个工作机会并不容易。

但太多的日本人并未感觉到这100万个工作机会的实惠。原因是本来正式雇用员工的企业，在过去几年里将正式职工解雇，这两年开始雇用临时工。临时工的工资比正式工要低很多。“过去16个月，日本职工的实际工资出现了连续下滑现象，这是安倍经济学带给民众最直接的后果。”志位委员长使用厚生劳动省统计的数据，解释了为何人们有了工作却没有实现工资提升这个问题。

过去两年里，安倍在经济上的举措实在乏善可陈。股票价格上去了，但不见企业投资，日元汇率下滑了，带来的是物价的上升，民众感受不到安倍经济学的实惠。

《保密法》、集体自卫权改变日本社会

日本的最大变化，是在 2013 年有了《保密法》，2014 年内阁的一纸决定让日本有了集体自卫权。

不要以为《保密法》和普通百姓无关。如果你的工作是生产军工产品中的某个部件，在和朋友喝酒的时候，不经意间说出自己从事的工作，这便是泄密，是可以抓人的。再比如，一个记者向官员或者政治家询问最近国内审议的法律内容，这属于教唆他人泄密。媒体只能从官方那里拿到对外发表的文件，报道这些文件才是媒体的作用，任何主动采访，都可以和教唆泄密联系起来。

即便拥有了集体自卫权，日本立即派兵出国作战，特别是和邻国为领土等打一场仗的可能性也并不大。在媒体工作了将近四十年的山田厚史认为，日本天天都在报道“伊斯兰国”的恐怖活动，美国总是用飞机、导弹去打压“伊斯兰国”，效果有限。“今后对‘伊斯兰国’进行地面战斗已经是个时间问题，日本有了集体自卫权，是否参战，这将考验安倍。”山田说。

在日本我们看到了一个很奇葩的现象。一方面是民众十分希望走出失落的二十年，特别寄希望于安倍经济学取得成功，但结果是平均股价在安倍内阁过去的两年里从 10 000 点上升到了 18 000 点，股市形势大好，让买股票的人获益，但大多数没有买股票的人，与股市变化并无关联。以前阻碍日本企业在国内投资的日元汇率过高问题，在过去的两年里，从 1 美元兑换 76 日元，下滑到了 2014 年 12 月底的 1 美元兑换 120 日元，汇率缩水幅度很大。但民众的实际工资未增加，消费上不去。没有消费就不可能有企业投资。消费投资不能推动日本经济前行，剩下的只有出口了。但工厂

早已转移到了国外，现在日元贬值了，能出口的商品并不多。从贸易数据看，过去两年没有出现日本产品出口明显增加的现象。

2015 年以后，在经济上安倍同样举步维艰。他也只能在修宪等方面表现出自己的特色了。

失去了尚方宝剑的安倍

2014 年 12 月的大选，民主党、大家党等党首在选举中落选，可见在野党失去了民意。其他几个小党，高喊“慰安妇是个假命题”“取消给外国人的特权”等等，更是没有民意支持，他们中的大多数人并未当选。

自民党和安倍晋三在本届议会中已经基本上没有劲敌，不仅议员数量上占有了绝对优势，在口号上、民众的支持上，其他在野党也基本上无法与自民党竞争。

这反而让安倍困惑了起来。在没有需要时常防备的在野党以后，安倍自民党内部便开始争斗起来，其争斗的激烈程度，与在野党向执政党进攻时相比一点不差。

让党能够团结对外的一个比较有效的机制是，如果有不少人不听话，执政党党首同时兼任首相，他可以解散议会，让议员失去资格，并在大选时得不到政党的支持。靠个人的力量是很难在选举中取胜的。听党的话，其实是听党首（首相）的话。现在安倍已经解散过一次议会了，虽然首相解散议会的次数并不受法律限制，但通常解散过议会的首相，仅能够使用一次这个权力，并未出现过无数次解散议会的先例。

今后 4 年，首相不可能解散议会，议员要给选区争取一些好处，彼此的争论就会激烈起来。过去党首说了一句话，就只好听党首的话了，现在不是，议员可以使出浑身解数去争夺，党内意见的统一在今后将成为一个很大的问题。

也只有外交军事问题，不存在太多的国内利益者之间的争夺，安倍可以放心地去做。

尽管在选举期间安倍几乎没有谈过修宪，但 2015 年以后，修宪会成为安倍政治中最重要的话题。日本宪法规定，为了不再发动战争，日本将放弃军队，不承认交战权。安倍修宪主要是修改这方面的内容，让日本自卫队成为名副其实的军队，不仅能保卫日本，更重要的是能够出国作战，维护世界和平，安倍称之为“积极的和平主义”。

日本在过去的70年里，并未在国外参加过战斗，当然也没有在交战中牺牲士兵的前例。现在日本有了出国作战的权力，于是美国发动的任何战争，日本都去协同作战，让士兵不仅流汗，还要流血，对于这些日本选民在心理上准备并不充足，一旦发生士兵战死的情况，日本媒体便可能呼吁报复，进行更大规模的战争，但民众不一定愿意参军打仗。

党内在争夺利益时发生的内部抗争，民众对安倍修宪的不理解，让2015年以后的安倍内阁难以像过去两年那样获得民众的支持。能够支持安倍的政治家已经越来越少，希望和安倍划清界限，在下次内阁中发挥作用的老资格议员多了起来。拿不出新的政策，经济上难有起色，修宪并不能给日本带来实际利益，安倍内阁将一天天地衰落下去。

“唯有此路。”安倍在大选的时候常用这句话来说日本经济只能走安倍经济学之路，但实际上，安倍这套“组合拳”能带来的提振作用还是相当有限的，民众虽然有所获，但也有所损失。短时间的辉煌之后，安倍还需要继续摸索可持续发展之道。否则，日本在短暂的复苏之后，又将迎来长时间的衰退。

陈　言

自由撰稿人。1982年毕业于南京大学。1989年开始在东京大学学习新闻，1998年到位于日本西京（山口县）的一所大学工作。走遍东南西北后，2003年重新回到北京，成为一个记录中日关系的记者。

靖国问题的另类视线

姜建强

在日本最为典型的一个人文景观就是神社。据统计，日本全国共有85 000多座神社，数量超过全家便利店和罗森便利店的总和。大小不一、神主不一的神社，葱茏、肃穆、静谧是其共同特征。前来参拜的日本人，权当神社为歇脚地和闲聊地。虽然他们都会在神灵前自然地双手合十，闭上眼睛，感谢自然，感谢时间，感谢空间，感谢神的保佑，但神社没有门槛，也不问信仰，只为人们在精神上提供一种亲近感。从这一意义上说，日本的神社并不是宗教场所，也不是信仰的集散地，而仅仅是一所为神所保佑的、最为安全的心灵游乐地。

坐落在东京都千代田区九段下的靖国神社，也是日本8万多座神社中的一个。与其他神社一样，进去拜一下，鞠个躬，稍事休憩，也就是游乐一下而已。每当周末天气晴和，或适逢赏樱时节，靖国神社总是游人如织，约会的青年男女与出游的家庭，年纪大的与年纪小的，他们喧闹着，嬉笑着，全然将慰灵忘得一干二净。所以靖国神社对一般日本人来说并不神秘，并不特殊，也并不具有其他的意味。

但问题的负重在于，前身为日本明治时代“东京招魂社”的靖国神社，与历次大战的历史密不可分。神社中供奉的246万多名战死者中九成左右是在二战期间阵亡的。而神社的祭祀对象也包括东条英机等14名甲级战犯和2 000多名乙、丙级战犯。前首相小泉纯一郎和现首相安倍晋三的参拜，又使得神社成了“靖国问题”。这就像有些日本人所说的，置身其中，则又让人体会到靖国神社与一般神社不同——靖国不是我们从小熟悉的神社空间。

从悲痛到喜悦的母亲们

那么，“靖国问题”究竟是个什么问题呢？

早在2005年，东京大学教授高桥哲哉就出版了《靖国问题》一书。作者在书中提到1936年6月号《主妇之友》杂志刊登的一篇题为《为国献独子光荣母亲热泪座谈会》的报道。这篇报道详细记录了那些从日本北陆地区来到靖国神社出席合祀祭典的战死者的母亲当时的心态。

> 斋藤：我哥总一个劲儿地说，要是动员来的话，这条命就献给天子了。怎么还不来？怎么还不来？这回他总算如愿了，光荣战死了。
>
> 森川：那天晚上白色的御羽车开进靖国神社时，我心里那个激动呀，激动得不得了。本来一个没用的孩子，这么着派上了用场。真是太好了。
>
> …………
>
> 斋藤：我叩拜天子的时候，眼泪怎么也止不住往下流。能参拜靖国神社，能叩拜天子，我还有啥可求的呢？今天就是死，也能心满意足地笑着去死。
>
> 高井：儿子在阴间也会高兴的，死得这么风光。要是让人看见咱们在哭，那可对不起天子哦。都是为了国家，这么想着，就来精神啦。

一般而言，死去了儿子的母亲应该悲伤才是，但这里何以能生出喜悦之情呢？这里的秘密在于，靖国神社所设定的“情感意义”，将日本人的生死观作了强硬的置换。原来，所谓的靖国信仰将战死的恐怖、血腥和残酷，巧妙地置换成一种“光荣战死”的意义，从而从大义名分上剥夺了遗属作为普通人对亲人之死抱有的悲伤之情。而这种“光荣战死”的意义，只有在靖国神社才能得到彰显。也就是说，只有在靖国，战死者才有机会成为国家祭祀的神灵。而怎样才能入祀靖国神社呢？只有一个条件：只要你为国家、为天皇战死即可。至于生前是个怎样的人，则一切不必追究。这种靖国意识形态生硬地将“哀悼共同体”切换成“喜悦共同体”，将悲痛的人之常情切换成超乎常情的喜悦。在其中被激活的是这么一种扭曲的战场心态：死即是荣耀，活着反而是一种耻辱。

让死者得到彰显，让生者（包括死者的父母和妻子）感到光荣。这就是通常所说的靖国“情感炼金术”。

“与死者共生”的文化论

在日本，为参拜靖国神社作合法性辩护水准最高的是谁？是日本文坛“自杀四杰”之一的江藤淳（1932—1999）。他的一个著名的生死文化论就是：生者与死者的共生。他在《面向同时代的视线》一书中写道：日本人在眺望风景的时候（生者的视线），同时能感觉到一种交错着的不能看见的视线，即死者们的视线。这是日本人宗教心情和对风景敏感的感受性表里相一致的表现，同时也是日本文化的特殊性格表现。这种与死者的共生，其实不矛盾。因为如果不与死者共生的话，我们生的感觉也就不复存在。这种感觉存在于日本文化的根源里。这也是从《万叶》到今天日本历史演进过程中凝聚的个人和民族的全部记忆，是生者与死者的共生感。

针对这种看似精湛的文化论，高桥哲哉在书中尖锐地指出：与战死者之间的共生感为什么必须以参拜靖国神社的方式才能获得？二者之间联系的必然性何在？如果不参拜靖国神社，就不能在盂兰盆节、在新年的“初诣”时怀念死者吗？实际上江藤淳在援引川路柳虹的诗《魂兮归来》时对此也有暗示。虽然诗中死去的士兵的魂灵被称为“英灵”，但是它所要归去的却是“故里”：

> 魂归何处
> 何罪之有
> 安息吧，静静地安息吧
> 在生你养你的故乡的怀抱里
> 在这没有杀戮的宁静的大自然里

这表明江藤淳自然有他的逻辑和文化上的死结。因为对士兵的祭奠和追悼可以采取各种方式，而之所以采取参拜靖国神社的方式，显然是国家政治意志的结果，超越了江藤淳所说的“文化论”的范畴。

当然，问题还在于，如果说是为了与战死者心神感应的话，那么为什么靖国神社不祭奠“敌”方的战死者呢？在日本的中世纪和近世，受佛教“怨亲平等”思想的影响，形成了祭奠敌我双方阵亡者的习惯。如北条时宗在文永—弘安之役后修建圆觉寺，岛津义弘在庆长之役后在高野山的内殿建造“敌我双方供养碑”，都是为了祭奠敌我两国的战死者。不仅如此，靖国神社不予祭奠的“敌”方死者，不只限于外国人，即使是“本国的死者”，如果属于“敌”方的话，也决不会予以祭奠。如西乡隆盛虽是明治维新的开国功臣，但是由于发动西南战争，与明治政府对战，因此不能供奉；白虎队虽然被日本人奉为神灵，但由于是与明治政权对抗的力量，也不能供奉。明治时代大将乃木希典在二战前被多数日本人奉为“军神”，明治天皇殡葬之日，他和妻子双双自杀殉死，虽是“忠君壮烈”，但由于不是死于战争，也不能供奉在靖国神社。此外，东京大空袭和原子弹爆炸的受害者也不能进靖国神社。这样看来，靖国神社的“祭神”不单纯是祭祀“战争中的死者”，而是在国家意志的作用下祭祀被挑选出来的特殊的战死者。

这样来看的话，靖国神社怎样也脱不掉“国家意志”这件袈裟。这正如日本著名学者梅原猛在《招致理性复仇的靖国参拜》一文中指出的，靖国神社所代表的国家神道不仅“废佛毁释”，还对传统宗教进行了一次屠杀。

“暧昧的微笑”与“靖国问题”

日本人将二战称为“那场战争”。如今，“那场战争”已经过去 70 年。但“靖国问题”依旧高悬在人类理智的门框上，远远没有得到解决，甚至连如何解决都没有一个明确的思路与清晰的框架。这就表明，生活在全球化时代的日本人，还远未脱离“慰灵与彰显”那种战时意识的二元模式，还不知把自己的灵魂安置于何处为好。1868 年日本明治维新前夜爆发的戊辰战争中，长州藩和会津藩之间发生过激烈的交战。战争致使两地关系长期恶化，事隔 100 多年，现在的山口县萩市与福岛县会津若松市仍然没有达成和解。对于那场战争，受害一方的记忆仍以现在时的形态存续发酵。可见战争对人的撕裂是如何巨大。与自己国家的人都还没有和解，日本能与作为受害者的亚洲他国和解吗？

新渡户稻造在其名著《武士道》中说：

> 日本人在遇到最严峻的考验时，经常会有做出笑颜的倾向。笑容或许就是悲哀或愤怒的平衡锤。

文学家芥川龙之介在其小说《手巾》中就描写了一位妇女在面对其儿子的死时，竟然很平静地露出了暧昧的微笑。这一令世人觉得相当残酷、毫无人性可言的“暧昧的微笑”，实际上就是“靖国问题”的图片特写。

姜建强

出生于上海。出国前曾在大学任教。20世纪90年代留学日本。曾任东京大学客座研究员，致力于日本哲学和文化的研究。现为东京《中华新闻》主编。著有《山樱花与岛国魂——日本人情绪省思》《另类日本史》《另类日本文化史》《另类日本天皇史》等。

直说

中国在发声

“历史和解”能否促成？

高　洪

2014 年 12 月，安倍领导下的执政自民党与友党公明党再度赢得压倒性的胜利，拿到了三分之二以上的议席。安倍赢得选举的根本原因是：“时代发生了变化，而日本国民在自民党与安倍之外却无执政党和政治领导人可选。”

一方面，随着二战结束 70 年的到来和日本国际经济、政治地位相对于中国的快速下降，一种国家焦虑从社会政治精英层蔓延到广大国民之中；而另一方面，在国民的政治记忆中，日本从 2006 年到 2012 年的 7 年中，政权在新老保守政党之间反复易手，政府则是一年一届地轮替，仿佛验证出安倍晋三是唯一有能力带领日本走出困境的政治家。今天的自民党在日本战后政治历史上空前强大，安倍的党首地位在自民党历史上也是前所未有地稳固。所以他本人也摆出一副“舍我其谁”的架势，把安倍经济学这朵看似漂亮却无法结果的“谎花儿”抛给公众，终于赢得了这场被舆论讥讽为“由安倍发动的、为了安倍的、安倍的大选”。

安倍再度胜选后，在 2015 年会加强哪方面的政策措施？我觉得，2015 年日本内政上的首要问题仍旧是解决难题。从政治上讲，安倍解散国会的名目是所谓“安倍经济学解散”，并且在整个选举过程中对国民呼吁支持自民党，支持安倍经济学，还反复鼓吹：“唯有此路!”2014 年 12 月 27 日，安倍内阁批准 3.5 万亿日元（约合 291.7 亿美元）的额外经济刺激方案。安倍强调，将把恢复经济作为最优先课题来进行今后的政权运营。安倍在 2015 年元旦发表新年感言称：

> 由于获得了信任这一巨大的力量，今年，我将更加大刀阔斧地加快各类改革的步伐，并希望这新的一年成为奠定日本未来方向的“坚定改革之年”……要尽快落实经济对策，坚决执行增长战略。今年的

首要任务，让景气恢复的温暖春风吹遍全国的每一个角落。

这些举动似乎表明，安倍将以经济作为政治首选课题，因为他所有的政治抱负都有赖于日本的经济增长，所以必须通过挽救安倍经济学拯救日本。然而，这种设计是以安倍放弃以邻为壑的外交政策，加强与中韩两国的经济合作为前提的。

然而，安倍在2015年的内政外交方面存在一种悖论：一面表达自己为提振经济愿意与邻为善的愿望，另一面却继续采取以邻为壑的做法。安倍甚至不再讳言“安倍经济学”只是实现其政治野心的工具。在2014年12月24日晚的记者会上，安倍明确表示，“修改宪法是我本人的夙愿，也是自民党成立以来的一个重要目标”，并强调，“有了强大的经济，才能展开强有力的外交，而外交又与安全保障表里一体”。日本自1992年陷入政府财政危机以来，可以说每况愈下。时至今日，政府债务已经高达1 010万亿日元。对于安倍内阁此轮经济刺激计划，分析人士普遍也不看好。日经中文网的分析指出，如何同时实现摆脱通货紧缩、消除贫富差距和财政重建的任务，将是安倍经济学的巨大课题。人们只能冷眼观察安倍下一步的做法的重心究竟是放在经济上还是放在政治上。

安倍胜选后，美国国务院马上就发表声明表示祝贺。但有观点认为，事实上奥巴马仍对安倍政权取观望态度。据日本NHK报道，安倍晋三在赢得选举胜利后，美国总统奥巴马主动与安倍首相通电话15分钟，向安倍带领执联盟胜选表示祝贺，确认将继续维持“牢固的美日同盟关系”的意向，并就埃博拉疫情的防治、TPP协定的达成、《日美防卫合作指针》的修订等事宜达成一致。从表面上看，美国方面此举似乎在加强与安倍新政权的关系，但明眼人都看得出，奥巴马无非是为了稳住美国在东亚的阵脚，例行公事地拉了拉可能长期执政的小伙伴的手而已。目前，美俄关系紧张使奥巴马难有更多的精力和力量顾及亚太战略平衡，而此时的日本在配合美国东亚政策的同时不断地打自己的小算盘，也已经引起美国社会的普遍警觉。一个时期以来，安倍极力摆脱战后体制的努力，使美国舆论界出现了警惕日本“战前化”的声音。美国更担心胜选的安倍会不会利用政治强势，再度引发中日紧张局势，把美国拉进可能发生的东亚危机当中。所以，有舆论认为美国实际上是对安倍新政权进行观望，这种说法不无道理。

2015年中国举办纪念反法西斯战争胜利70周年庆典，这一时间节点是否是改善中日关系的有利时机？世界期待着亚洲大国间“历史的和解”，但和解的前提是正确看待历史事实，是正确区分正义与非正义的战争性质，否则用历史虚无主义，甚至企图用歪曲篡改历史的手法把不光彩的一页翻过去，都是做不到的。

（本文由高洪口述，蒋斐滢整理）

高　洪

哲学博士。中国社会科学院日本研究所党委书记、代所长、研究员，兼任中华日本学会常务副会长、中日关系史学会常务理事。主要研究方向为国际政治专业下的日本政治及中日关系。

被“闭锁感”包围着的日本青年

俞天任

这十几年来经常来往于中日两国之间的人会有一种很强烈的感觉，就是中日两国之间的整体氛围对比非常强烈，首先就反映在青年的表情上。第一次来中国的日本人往往会为中国青年脸上的明朗表情所震撼，同时头一次到日本的中国人也会对日本青年脸上的黯淡表情感到不解。

中国青年脸上的表情非常生动，富有活力，笑起来极富感染力，尽管有时候会指责他们说话嗓门太大了一些，以至于打扰了他人。而日本青年一般来讲比较讲究礼仪，感情一般不外露，即便对于陌生人也会报以习惯性的微笑，但还是让人觉得整个氛围比较黯淡，没有活力。

实际上，日本青年缺乏活力是当然的。从整体氛围来说，本来就讲究论资排辈的日本社会对青年很不友好，再加上这些年来一直不景气的经济给青年带来了很沉重的负担，这些思维方法、体制以及经济上的负担，最后化作了精神上的负担，在脸上反映了出来，因而日本青年笼罩在一种黯淡的氛围之中。

日本人把这种气氛叫做“闭锁感”，也就是一种看不到希望、找不到出路的感觉。

1974 年日本的人口构成中 30 岁以下人口占 50%，从那时开始这个比例就在逐年减低，到了 2013 年底这个比例成了 27.9%。而如果在 30 岁以下的人口中再按照五年为界划分几段的话，就会知道越往下人口所占的比例就越小，这意味着将来青年在日本人口中所占的比例会更加少，社会老龄化的程度会进一步提高。

社会老龄化程度的提高也就意味着要求青年承担的部分会更大，因为赡养由于年龄原因而不再能从事社会生产的老年人是青年的责任。赡养老人和抚养小孩不同，老人虽然个人消费很低，但医疗费用以及看护要求是随着年龄增长而持续增长的，除去死亡之外，老人不可能像孩子那样逐渐自立，而现代医疗技术的进步以及生活水平的提高又使得平均寿命成了一条线性增长、几乎看不到顶点的曲线。

这样，社会就被迫采取推迟养老金发放年龄的方法来变相延长退休年龄，使得老年人尽可能地自己养活自己，但这种使本来应该退休的那部分人口继续劳动的做法，造成了就业市场的混乱，减少了本来应该让青年人接管的劳动岗位，这样就使得青年人的失业率上升。比如，日本社会的平均失业率在 3.5%左右，而青年人的失业率却远远高于社会平均水平，根据日本内阁府的统计，2013 年底，15～19 岁年龄层的人口的失业率为 6.4%，20～24 岁的失业率为 7.0%，25～29 岁的失业率为 6.2%，都高于社会平均水平。

青年人的失业问题是一个复杂的问题，相比起他们的长辈来说，现在的日本青年人更加不善于处理人际关系也是其失业率高的原因之一。现在的青年人都是社会的老龄化进程开始之后出生的，本来在幼年时期的玩伴就少，再加上电子游戏和计算机的影响，使得现在的青年人不喜欢群聚而更喜欢独处。即使就职之后也容易因为种种不顺心的事情而轻易地辞职，而且日本社会中极为拮据的家庭毕竟不多，所以青年在失业时一般都能得到来自家庭的支援，久而久之很容易形成“啃老”的局面。但是啃老毕竟不是什么光荣的事情，啃老族极易陷入一种自我封闭的病态境地，严重的甚至连寝室都不出，饭菜由父母放到门口。据统计，这种人在日本有 100 万之多。

日本现在的政府负债是 1 200 万亿日元，平均下来每个日本国民几乎要负担 1 000 万日元，即使按照已经大大贬值的日元汇率来计算，还是相当于每人负债约 50 万元人民币，这绝不是一笔小数目，而且这笔钱只能由未来的世代来负担。

摆在日本青年人面前的就是这么一个烂摊子，他们怎么明朗的起来呢？更要命的是，政府也好，各政党的纲领也好，没有一个向青年人倾斜的，这是由日本青年人的政治参与度极低引起的。

日本人的政治参与度很低，而日本青年人的政治参与度就更加低了。从 20 世纪六七十年代反对日美安保条约运动失败之后，日本的青年人对政治就失去了兴趣，反映在选举上就是投票率很低，而且年纪越轻投票率越低，这就使得青年人无法形成一个政治上的压力群体，这样政策不向青年人倾斜也就是必然的了。

被这种“闭锁感”完全包围的日本青年人会不会向过激主义的方向走

呢？日本人走向过激几乎是一个可以解释为民族性的倾向，这几次的众议院选举的大起大落都说明了这种民族性，不能说日本的青年人就不会发生这样的转向。事实上，最近有几件很值得注意的事情。一是日共党员小林多喜二在1929年写的小说《蟹公船》从2008年左右开始重新畅销，光2008年就销售了40万册，而同时日共的党员也有大幅度增加，在最近的几次众议院选举中日共都有进步。另一件是2013年东京都知事选举中，参选的极端国粹主义者田母神俊雄在没有得到任何政党支持的条件下依然得到了61万票，得票率达到了12.55%，名列第四。投票支持被大多数主流媒体批判的田母神俊雄的大多数是青年人。还有一件就是2014年10月日本警方侦破的北海道青年企图偷渡至叙利亚加入“伊斯兰国”的未遂案件。

根据一些统计，现在日本社会上的最右翼人群的构成中占大多数的居然是没有工作的家庭主妇，这个统计给出的信息是很可怕的：将来的日本青年一代有可能会变得过激起来，因为有过激派思想的母亲会很大程度上影响孩子。

当然，到现在为止这些事件都还只是一些值得注意的迹象，并没有发展为一种“青年人的行为模式”。事实上，受到东京青年人一时热捧的田母神俊雄以及他的“次世代党”的朋友们，在2014年底的第47届众议院选举中几乎全军覆灭就说明了这一点。

但是，日本青年人很难摆脱现在包围着他们的“闭锁感”也是事实。

俞天任

旅日学者，笔名“冰冷雨天”，自称“老冰”。著有《冰眼看日本》《有一类战犯叫参谋》《浩瀚的大洋是赌场》《谁在统治着日本》等作品。

第 3 章

聚焦美国

近年，美国为一片悲观情绪所笼罩。中国的崛起，冲击了美国主导的单极格局。再到具体层面，斯诺登事件给了美国政府沉重的一击，弗格森镇事件展示了这个国家的深层矛盾，而外交又接连在中东、亚太等区域碰了一鼻子灰。在中期选举中，奥巴马大败而归。约三分之二的美国人认为，这个国家在朝错误的方向前进。内外交困，“山姆大叔”很焦虑。

尽管如此，美国依然是世界上唯一的超级大国。毫不夸张地说，美国仍掌握着推动国际格局演变的力量。可以预见的是，美国不会总是犯错误，哪怕奥巴马的布局确实有所闪失，但美国回到正常的轨道上，那是迟早的事。问题是，美国如何摆脱困境？新一届总统选举将有何变数？反恐战争还将继续吗？美国将如何影响国际局势的下一个10年？中美之间，又将迎来怎样的局面？

美国政治格局的每一个细微的变化，都可能通过蝴蝶翅膀的舞动，变成国际政治的暴风。

美国“再平衡战略”及中美共处之道

苏　浩

中美关系是当今世界上最重要的双边关系，在某种程度上，其走向对太平洋乃至整个世界都有着决定性的影响。然而，这一关系的发展并不顺当，相互间存在着不确定性。问题的关键更多在于美国的战略选择中存在很大的消极因素。但中美两个大国的相互依存性和对世界和平稳定所具有的不可替代的积极作用，使得二者需要采取一种超越传统大国竞争对抗的方式来相处。

21世纪初美国在东亚地区地位的缺失：“我们美国在哪呢？”

亚太地区本来是由东亚国家为主体的传统国际关系体系，近代以来由于西方殖民主义的东侵以及美国在20世纪初的崛起，太平洋成为一个西方国家主导的区域。二战后，随着苏联社会主义阵营的产生，形成了美苏两个超级大国的跨太平洋的冷战对抗。冷战结束后，由于苏联解体和中国改革开放仅处于起步阶段，所以作为世界唯一超级大国的美国成为太平洋地区的主宰者。美国通过五大双边军事同盟体系和亚太经济和政治的“纤维化”网络，将太平洋地区掌控在自己手中，使其成为一个所谓的“美国的湖”。

然而，20世纪90年代后期，东亚国家积极推动区域经济合作，建立了“东盟＋中日韩”合作机制，并试图实现东亚区域一体化。美国以为在其主宰下的整个太平洋区域，太平洋彼岸的东亚国家长期处在其荫庇之下，应该整不出什么大动静。而它忙于全球的反恐以及伊拉克和阿富汗战争，也抽不出身来介入东亚区域合作进程。再加上朝鲜半岛核问题需要美国在“六方会谈”框架内与中国协调。美国似乎一时忽视了东亚区域正在发生的结构性的变化。进入21世纪，东亚国家在区域合作进程中确定了将东亚建设成一个“东亚共同体”的目标。而在这一过程中，中国与东亚其他国家在“东盟10＋3”“东盟10＋1”“中日韩”以及“大湄公河次区域领导人会议”框架下，正在相互整合，朝着区域一体化方向发展。美国在东南亚的盟国菲律宾和泰国加强了与中国的经济合作关系，东盟大国印度尼西亚也十分重视与中国协调关系。到了2009年民主党执掌日本政权，其首相鸠山由纪夫认真推动东亚共同体建设，甚至在回答记者提问时暗示，这一共同体没有美国存在的地位。当时的日本政府还向美国施加压力，试图要求美国驻冲绳的军事基地搬离。

作为美国最坚定的支持者的日本，其领导人居然有倨傲的表态，东盟国家在“10＋1”框架下与东亚的中日韩间的合作方兴未艾。这给美国敲响了警钟：东亚区域一体化进程已经开始脱离美国主宰的秩序。对于一向以世界和亚太地区领导者自居的美国而言，是可忍，孰不可忍？

东亚区域合作进程对中国和美国到底意味着什么？对中国来说，自近代以来，中国所处的东亚区域就一直处在西方的主宰之下，在安全、政治、经济乃至意识形态上都深受西方的支配和影响。但1997年的一场东亚金融危机，以及中国坚持人民币不贬值的负责任行为，使东亚国家看到了包括中国在内的东亚国家间利益的一致性，也看到了以美国为首的西方国家与东亚国家的利益的差异甚至矛盾。中国与其他东亚国家只有相互协调与整合，才能更好地实现互利共赢。对美国来说，东亚区域一体化进程将削弱美国在整个太平洋地区的主宰地位。笔者2009年在华盛顿访问期间，曾与美国国务院的高官进行交流。该官员拿出一张画满东亚各种层次的合作圈构想的草图，问道：“我们美国在哪呢？”显然，美国看到了各种东亚区域合作架构中美国地位的缺失。

战略轴心转向亚洲及“再平衡战略”：“我们回来了。”

冷战结束后，美国是世界唯一的超级大国，特别是反恐战争以来，美国对主导国际秩序的野心急剧膨胀。美国以所谓“新帝国主义”的治理者自居，试图构建一个基于“霸权稳定”的单极世界。小布什政府时期的赖斯国务卿曾明确表示，多极化是一种“罪恶”，单极世界才有利于世界稳定。然而，正在构建单极世界的美国，这时却发现它最重视的太平洋彼岸正在与它疏离。美国必须扭转这种局面，必须重整太平洋秩序。

奥巴马当政以来，美国开始调整亚太战略，强调美国将重返东亚。美国首次引人关注的对东亚的政策宣示是在于 2009 年 7 月在新加坡召开的东盟地区论坛会议上。美国新任国务卿希拉里高调出席了会议，其间既与东盟正式签署了《东南亚友好合作条约》，又在发言中声称“我们回来了”，甚至还搭建了美国与湄公河下游越、老、柬、泰四国外长会议的所谓“美湄合作”的平台，突出显现了美国实质性地参与下湄公河流域合作的兴趣。2009 年 11 月，美国总统奥巴马在日本发表了他关于亚洲政策的演讲，其中突出强调了美国是“太平洋国家”，声称自己是“美国历史上首位太平洋总统”，表示希望以“更加正式的形式”参与东亚区域合作。而不久之后，美国国务卿希拉里在夏威夷正式发表了美国关于亚洲政策的讲话，明确强调美国是亚洲的“常驻大国”，将参与到东亚区域合作框架建设的进程中。美国白宫则在 2010 年 5 月正式发表的《美国国家安全战略报告》中，肯定了历届美国政府强调的巩固“世界领导”地位的战略目标，并再次强调了美国在加强太平洋国家军事同盟国关系的基石中的作用。2011 年，美国政府正式提出所谓“战略轴心转向亚洲” （Strategic Pivot to Asia）的战略性方针。2011 年 11 月 APEC 峰会在美国夏威夷召开，美国总统奥巴马在会上明确表示美国将把“战略轴心”从欧洲和中东转向亚洲。显然，美国政府已经确定了其对东亚的战略及政策。

何为“战略轴心转向亚洲”？笔者还记得，在与美国外交官讨论这一问题时，美国官员起身向笔者做出行为演示，说明这犹如美国 NBA（全国职业篮球联赛）中球员遇到对手的阻挡，必须把进攻的“轴心”转向另一个方向。这就是说，“战略轴心转向亚洲”就是美国将把其战略攻势从中东和南亚的反恐方向转向东亚区域。这是一种攻势战略行为。不过，由于这一表述过于富有进攻性，且让美国的欧洲同盟担心被忽视，美国在 2012 年上半年又改用了另外一个词——“战略再平衡”（Strategic Rebalance）。记得 2012 年 4 月在华盛顿访问美国国务院时，其官员告诉笔者，美国不用“战略轴心转向”一词，而改用“战略再平衡”的概念，并特别强调两者的内涵没有本质的差别，只是为了使国际社会更易于接受。

何为“再平衡战略”？非常有意思的是，我们显然可以认识到，美国的“战略再平衡”，其目的是：重塑美国在西太平洋的力量和影响力，限制中国的发展；中止东亚合作进程；解构东亚共同体框架；建构“离岸平衡”的抗衡框架；重构美国的太平洋秩序——希拉里的美国的“太平洋世纪”；最终支撑起美国对太平洋的持续性主宰地位（美国成为领导者）。

美国“再平衡战略”的实施与对华牵制

美国“再平衡战略”一旦形成，便很快付诸实施。美国的具体战略性行为可以从以下几个方面得到落实：直接介入东亚，牵制中国崛起，构建“离岸平衡”的抗衡框架，解构东亚区域合作构架，主宰“无缝的太平洋区域”，从而维持日益衰落的“美国领导”地位。美国的一系列战略行为有一个明显的特点，就是围绕着中国来实施，从而显现出这样一种样式：政治上围着中国搞统战，安全上对着中国找麻烦，军事上针对中国作部署，经济上肢解东亚找伙伴。

为落实“再平衡战略”，美国政府采取了全面的行动。在政治上，美国国务卿希拉里提出了一个“前沿外交”的外交战略型概念，要求国务院派出的外交官要积极行动，以服务于“再平衡战略”。美国与战略利益相近国家建立伙伴关系，如越南、新加坡、印度、印度尼西亚，也争取转变特殊国家，如缅甸，甚至对敌对国家朝鲜也可以进行试探。在安全上，强化既有的双边军事同盟关系，并在此基础上构建一个潜在的所谓“亚洲版北约”（成为“民主国家协调机构”）。在军事上，美国国防部进行军事战略提升，并加强了军事力量的前沿部署。在经济上，建构一个以美国为主导的跨太平洋经济体系，从而撕裂东亚经济合作框架。下面有必要再把美国的“再平衡战略”的具体措施进一步展开分析。

第一，直接军事介入。美国臆造了中国在西太平洋的两个军事战略，即所谓“反介入战略”和“区域拒止战略”（A2/AD），以及中国人民解放军将阻止美军靠近东亚大陆近海，并将美军排除在南中国海之外。美国认为这在军事上是决不能接受的。因此，美国必须加强在东亚盟国和东亚海域的军事前沿部署。在 2012 年 6 月 3 日香格里拉亚洲安全对话会议闭幕式上，当时的美国国防部长帕内塔形象地解释美国对亚太“再平衡战略”的落实计划，指出美国将在 2020 年前向亚太地区转移一批海军战舰，届时将 60%的美国战舰部署在太平洋。美国国防部还设计了一个应对中国的军事战略概念“空海一体战”。其内涵有纵向和横向两个方面。

纵向：军事力量部署和联合作战的几个层次——海下、海面、空中、太空和网络。横向：以美军为基础，以盟国为主干，以战略伙伴为侧翼。此外，美国还在军事上加强前沿部署：海军地位的强化——航母舰队的常态化巡航、战区导弹防御系统的扩大；加强前沿进攻性军事力量的部署：鱼鹰运输机部署，全球鹰无人机、F-22和F-35的安排，高性能侦察机的部署，南中国海近海作战的“滨海战斗舰”部署，澳大利亚达尔文港的海军陆战队部署。

第二，强化同盟体系。美国试图进一步加强在西太平洋既有的军事同盟关系，并使之多边化，形成了所谓“2＋1”模式的小三边安全同盟关系：美日韩、美日澳、美日菲、美日印。同时积极介入日本对华关系，支持日本对华强硬政策。一方面鼓励日本政治右倾化，支持右翼政治家安倍对抗中国的行为，默认其修改宪法的诉求和恢复“集体自卫权”的无理行为。另一方面公开在中日间的“钓鱼岛问题”上偏袒日本，甚至公开声称钓鱼岛适用《日美安全保障条约》第五条。据了解，美国重要智库新美国安全研究中心的学者在对中国与其他东亚国家间的安全关系进行了仔细的分析评估，并与日本政策研究人员就东亚安全局势进行共同研究后，得出的结论是，中国军事力量的加强，特别是海军力量的增强，对整个东亚军事安全平衡造成了威胁，因此美国应该帮助日本提高军事水平，以应对中国的军事威胁。可见，美日政策研究人员之间直接进行合作，提出政策建议。日本首相安倍近年来的所谓东亚“海洋外交”和“地球仪外交”，都有美国在背后策划的身影。美国的意图很明确，就是希望以美日同盟为轴心，建构起一个以军事同盟体系为基础、以战略伙伴关系为延伸的“离岸平衡”的海洋东亚军事安全构架，以对抗中国所在的东亚大陆。

第三，利用南海问题挑拨中国与周边国家的关系。美国一直试图以南中国海问题作为挑拨中国与东盟国家关系的一个切入点，事实上，南海已成为中美在东亚进行博弈的主要战场。美国已经改变过去那种在南海岛礁的主权争端问题上不持立场的中立态度，开始偏向与中国存在争端的其他南海周边声索国。美国介入南海问题有以下几种方式：一是直接军事卷入。美国通过所谓“抵近侦察”，派出侦察机和水面舰艇靠近中国沿海进行侦察骚扰，同时向南海海域部署新型滨海战斗舰。二是联合军事行动。与菲律宾等盟国进行多种形式的军事演习。三是军事合作。进行军事交流和互访，甚至以军舰的停靠实现美国与其战略伙伴的密切军事关系。四是出售军火。美国向菲律宾出售退役的军舰，并已解除了对越南的军售禁令，准备向与中国存在严重南海争端的越南提供军事装备。五是在国际社会公开为与中国存在争端的南海声索国站台。

笔者曾于2011年6月应美国国际战略研究中心的邀请，赴华盛顿参加其主办的关于南中国海问题的国际研讨会。笔者是唯一应邀参加的中方学者，其他南海声索国均有多名学者参加。笔者在为维护中国在南中国海的利益进行面对面的斗争的同时，也感到了美国试图拉拢南海其他国家与中国对抗的战略意图。而最近美国在背后支持菲律宾在国际仲裁法庭上向中国发难，试图否定中国政府基于历史性权利所主张的南中国海断续线的权益，同时不断主张所谓维护南海的“航行自由”来牵制中国在南中国海的合理维权行动。美国在南海问题上还将不断直接挑战中国。

第四，加强在东南亚的影响，离间中国与东盟关系。“10＋1”的东盟与中国合作是东亚区域合作中最有成效的合作框架，曾有过富有成果的“黄金十年”，并正在展开“钻石十年”的合作新里程。美国对此是感觉很不舒服的。美国总想在中国与东盟之间打入一个楔子。美国曾倡导所谓“下湄公河倡议”，国务院还主持召开所谓下湄公河国家外长会议，试图挑动湄公河下游国家对中国在上游进行经济开发的不满。笔者曾与美国著名智库史汀生研究中心的学者进行交流，得知他们写出了一份很有影响力的研究报告，并在国会听证会上作证，片面地渲染湄公河上游开发对下游国家带来的消极影响。笔者所熟悉的一些华盛顿的政策研究人员，常往返于东南亚国家，他们声称是这些国家努力邀请美国回归东亚、东南亚，去平衡中国，而美国返回东南亚是可以得到当地国家的积极支持的。美国不断挑唆东盟作为一个整体与中国讨论关于南中国海的所谓“南海行为准则”，以便形成中国与东盟对立的态势。美国也在中国传统友好国家缅甸方面加大介入力度，通过促进缅甸国内政治的“民主化”演进，给正当的中缅关系制造了不少麻烦。

第五，军事支撑韩国的对朝政策，加深美韩军事关系。朝鲜半岛问题是对东亚和平稳定造成巨大风险的一个因素。本来中美两国在朝鲜的无核化问题上具有共同的利益，但由于美国的“再平衡战略”把中国作为竞争对手，半岛问题似乎逐渐被降低于美国对华防范的层次。而美韩军事同盟本来是针对朝鲜的，但近年来这种性质开始发生某种程度的微妙变化。朝鲜针对美韩的一些安全行为，被美国用作加强在日本和东北亚进行军事部署和行动的借口。同时这也成为美国向韩国施加压力，促使韩国在军事上更加依赖美国的一个杠杆。美国曾经借口朝鲜导弹的威胁，在日本部署了第二部X波段远程雷达系统，现在又向韩国施加压力，要求韩国接受美国在韩国国土上的美军基地部署具有远程监测和防御能力的“萨德”导弹防御系统。而这些远程监测系统实际上对中国有巨大的针对性。因此，美日和美韩军事同盟关系，事实上变为在军事上针对中国的一种安排。其行为也会给正在升温的中韩关系造成一些困难。

第五，撕裂东亚国家聚合体，建立美国主导的经济构架。东亚区域合作的突出进程是形成一种区域性的经济整合框架，未来将建成东亚经济共同体。然而，美国不希望自身被排除在东亚经济圈外，更担心东亚成为中国崛起的经济依托。因此，美国一个重要的战略考虑就是要将东亚区域的一些经济体拉向美国一边，形成与美国的紧密经济关系，从而自然解构东亚经济体。2010年美国高调宣布加入原来由新加坡、新西兰、智利、文莱四个小国建立的TPP框架，并积极邀请澳大利亚、秘鲁、马来西亚，甚至特别邀请了越南参加，最后也把日本、加拿大和墨西哥纳入其中。笔者曾与美国亚太经合组织（APEC）高官唐伟康进行专门的研讨。唐大使突出强调了美国在亚太区域经济合作进程中努力推动APEC的同时，还将积极推动TPP框架的建构。显然，美国通过推动APEC活动以加强其在整个亚太地区的主导性的努力效果不佳之后，现在找到了一个新的切入点，试图以TPP作为一个主要的抓手，一方面可以将中国周边的东亚国家拉向美国一边，从而撕裂东亚整合体，在制度上孤立中国，阻止东亚共同体的建设，另一方面通过众星捧月的作用，将亚太地区顺从美国的经济体变为美国的经济随从，以确定美国在经济上的领导地位。

总体来看，美国“再平衡战略”具有明显针对中国的设计，而这一战略在具体实施过程中，确实处处体现出对华牵制的动向，具有很强的竞争和对抗性。

“双核模式”决定中美共处：“太平洋足够大”

奥巴马政府的“再平衡战略”继续执行下去，将会给中美关系造成很大的麻烦。然而，在国际关系全球化和区域合作一体化大背景下，中美两国无论在全球层面还是在区域层面，都有很多共同的利益和需求。两国在经济上已经深度相互依存。不可想象中美之间会因为上述矛盾和问题而升级一场相互间的武装冲突，乃至战争。果真如此，则将是人类的一场无法承受的灾难。那么，当今世界上第一和第二经济体的中美两个大国，应该如何相处呢?

2013 年 6 月，中国国家主席习近平同美国总统奥巴马在美国加利福尼亚州安纳伯格庄园举行会晤。习近平主席在会见时提出“新型大国关系”的概念来定义中美两国关系。习主席强调：“太平洋足够大，能够容纳中美两国。”中美两国的关系应该是一种不冲突、不对抗、相互尊重、合作共赢的关系。2014 年 11 月的 APEC 北京峰会期间，习近平与奥巴马又举行了一场“瀛台夜话”，两国领导人在双边、地区和全球性问题上达成了多项共识，甚至签署了关于气候变化的协定和军事交流协议。在共同会见记者时，习近平主席强调将努力使中美新型大国关系更多更好惠及两国人民和各国人民，并在六个重点方向积极推进中美新型大国关系建设。而奥巴马总统则明确表示，美国有诚意同中国在亚太地区构建合作而不是竞争的关系，共同维护地区安全稳定。虽然两国领导人对双边关系的表述具有差异，但强调合作、安全稳定的追求则是共同的。

笔者提出一个“双核模式”来从长远而理性的角度界定中美这种“新型大国关系”模式。

中美两国在国际社会中所发挥的作用，犹如 PC 计算机的“双核”功能。我们知道，原来的个人计算机的单核处理器已发展到了极限，单项升级将导致其他外设设备的巨大扩张而使成本大大上升。而飞速发展的信息技术给我们提供了一个解决问题的全新思路，即在计算机的中央处理器的模块中设置两个相互分离的运算处理器核心。这从根本上解决了 PC 计算机发展的瓶颈，从而大大提升了计算机的性能。

近年来世界各地区动荡的形势和持续的国际金融危机，越来越显现出美国所追求的单极世界的战略目标和所谓“华盛顿共识”模式存在着巨大的缺陷，它们并不能充分有效地应对国际社会纷繁复杂的全球和地区性问题。在一个多样化的统一体世界中，人类需要摸索各种道路来达到建构和平与发展的和谐世界的目标。作为世界上最大的发展中国家，中国正在探索以维护社会稳定和保障协调发展为目标的国内发展模式，以促进和平合作和追求互利共赢的国际社会建构，走一条不同于西方发达国家的道路。

中国和美国犹如计算机中的双核运算处理器，从不同的角度积极发挥作用，推动人类社会朝着协调、公正、和谐的方向发展。我们知道当今的国际社会是由发达国家和发展中国家两大群体构成的。美国是最大的发达国家，作为世界最大的经济体，拥有巨大的政治经济影响力和军事安全保障能力。中国则是最大的发展中国家，作为世界第二大经济体，已成为正在迅速发展的新兴经济体的突出代表者，对国际事务的影响力正在日渐上升。从这个角度来看，中国和美国是不同的身份认知和利益取向的大国，具有共同的责任，需要相向而行，共同努力。在国际关系全球化和区域合作一体化两大趋势的主导下，中美两大国注定需要就亚太和全球事务进行深入的交流和对话，继而在政策上进行相互协调，从而通过两国间的合作来保障和平与稳定的世界秩序，建构发展与繁荣的国际社会。

太平洋是中美利益交汇最集中的地区。中美两国在亚太地区分别推动不同的多边跨区域性机制，一个是美国主导的“跨太平洋战略经济伙伴关系”（TPP），一个是中国与其他西太平洋国家努力建构的“地区经济伙伴关系”（RCEP），两者表面上看似乎具有相互竞争性，但由于紧密依存的两国都处于太平洋大区域中，所以它们从自身利益需求出发而推动的构架，仍然可以兼容，甚至最终重合在一起。下图试图表明，在宽阔的太平洋区域，中美两国作为“双核”，发挥各自的引擎作用，推动 RCEP 和 TPP 的建立，并最终在“亚太经合组织”（APEC）框架下，建立一个内容广泛的“亚太自由贸易区”（FTAAP）。为此，中国政府在 2014 年 11 月的 APEC 峰会上倡导建构“亚太自贸区”作为可预见的将来的共同目标，并得到了与会各方的赞同。我们可以预见，未来亚太地区必将在中美两大经济体和两大力量的作用下，真正建构起一个太平而繁荣的区域。

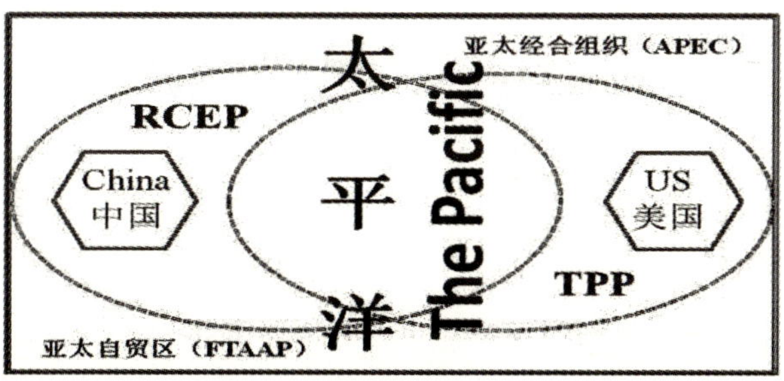

“双核模式”

苏　浩

中国外交学院外交学系教授、博士生导师，战略与和平研究中心主任。北京地缘战略研究与发展协会会长，亚太安全合作理事会中国委员会委员，太平洋经济合作理事会中国委员会委员，中国亚非发展交流协会常务理事，中国军控与裁军协会理事，中国太平洋学会理事，中国东盟协会理事，国务院海峡两岸研究中心特邀研究员，中联部世界问题研究中心特约研究员。享受国务院政府特殊津贴。研究方向是中国外交史、战略与国际安全、国家安全、亚太地区国际关系、东亚区域合作。

“停止批评的那一刻才是美国衰落的开始”

[美] 卜励德　陈　峥

中国问题专家卜励德的公寓位于纽约上东区，从外观上看，跟其他曼哈顿的典型公寓并无差别，但一楼办公室门口挂着的“倦勤斋”匾额在纽约并不常见。面积不大的办公室摆满了各种有关亚洲的书，墙上挂着他跟许多中美知名政治家的合照以及证书等。卜励德的履历和生活都有很强的“亚洲烙印”。这位生长于后麦卡锡时代，住在纽约上东区的美国人，为何跟中国结下不解之缘？他对中美关系发展前景等国际问题有何见解？笔者在纽约拜访了这位著名学者，对话由此开始。

新总统需要新外交

1812 年英国和美国发生战争，英国军队占领了华盛顿城后，放火烧了美国国会大厦和总统府之类的建筑物。为了掩盖被大火烧过的痕迹，1814 年，总统住宅棕红色的石头墙被涂上了白色。1902 年西奥多・罗斯福总统正式将其命名为“白宫”。而这幢位于华盛顿哥伦比亚特区西北宾夕法尼亚大道 1600 号新古典风格的白色砂岩建筑，也见证了历届总统的诞生。

美国的总统竞选，是一个“马拉松”式的过程，有意问鼎白宫的人，多年前就会为此储蓄政治资本。大选年的前两年就开始行动，例如拟定政纲，政治试探，访问各州，会见关键人物，竞选捐助人等。此前媒体称，2016 年总统选举是美国两大当代政治豪门——希拉里・克林顿以及杰布・布什之间的较量。卜励德则做出了保守的估计：“两年的时间对美国政治来说很长，而且我发现，在我 18 年的外交生涯中，美国政治很难预测，我想目前希拉里在民主党中确实是领先者。”

卜励德强调：“即使希拉里目前的机会很大，也无法确认。正如没人预料到当时还是参议员的奥巴马会成为总统候选人或者最终成为总统。”美国中期选举后共和党夺参众两院控制权，奥巴马陷跛脚困局。卜励德表示：“总统办公室有很大的权力，奥巴马在接下来的两年中，还是会像曾经承诺过的，减少参与战争次数，加强贸易。而在美国国内，移民法案、健保案都是他关注的焦点。”在谈到对下一任总统的期待时他表示：“下一任总统需要根据国际形势重新形成自己的对外政策，但我想美国的外交处境决定美国要跟中国有更强的关系。”

“亚太优先”政策并不新鲜

美国亚太再平衡战略会对作为亚太地区重要大国的中国产生什么影响？卜励德认为所谓的“亚太优先”政策并不新鲜，而是贯穿于他多年的外交生涯。“对美国而言，中国非常重要。从二战时开始，美国在亚洲就有很重要的责任。我乐见奥巴马对亚洲和中国的重视。”卜励德说，“亚太优先政策会持续，美国别无选择，总统不可能扳扳手指说，我们不在乎这个几乎是世界经济增长最快的地区。”

2014 年 12 月 17 日，中国国务院副总理汪洋在中美商业关系论坛上发表主旨演讲，称中美是全球经济的伙伴，但引领世界的是美国。汪洋说：“中国实行改革开放的时候，美国已经主导了世界经济的体系和规则。中国对外开放意味着我们愿意加入这个体系，基本承认这些规则，也愿意在国际经济体系中发挥建设性作用。”而卜励德认为，美国看到了中国在过去 40 年的变化，美国必须学会在世界和地区范围内跟中国分享。

中美在全球问题上有诸多合作，例如气候变化、恐怖主义等。卜励德说：“对那些对中美关系会更加紧密持怀疑态度的人，我想说，中美对抗不会有任何意义，只会损害美国的利益，我想中国人也这么认为。这不是我们可以选择的问题，我们必须保证中美关系健康发展。”

尽管在国际政治、贸易关系上纠纷不断，中美两国的经济其实早已连在一起了。美国是中国最大的出口市场，中国也已成为美国的最大出口市场。卜励德表示：“2020 年中美关系会比现在更加紧密，但也更复杂。两国之间会有更多合作和竞争。中美两国都在发生巨大变化，双方必须在发展中保持共存性。中国发改委以及中国国务院的经济改革，更多强调市场的主导作用，这有利于中美企业互动。”

“中美已经建立了防范两国冲突对抗的机制，那就是每年的中美战略与经济对话，”卜励德表示，“这一机制的设计是为了减少中美之间的问题，它也是美国跟其他国家关系对话中最自由的方式。”

“我认为斯诺登是罪犯”

2014 年初乌克兰爆发的政治危机，结束了自 1989 年柏林墙倒塌以来俄罗斯和西方关系史中一个以合作为基调的时期。在这一时期，俄罗斯甚至还进行过以它所希望的方式并入（或者说融入）西方世界的一次尝试，但没有成功。这次乌克兰危机，则开启了这两个前冷战对手之间高度对抗甚至直接冲突的新时期。乌克兰危机爆发以来，美国一些媒体不约而同提到了一个词——“冷战”。例如，《今日美国》以“新冷战”为标题，彭博社和《华盛顿邮报》将乌克兰危机比喻为“冷战幽灵”，CNN 则形容为“冷战式冲突”。

然而，卜励德并不认可这一说法，他表示：“冷战时期的美苏是不同体系意识形态的对撞，而那个时期早已过去。目前的对抗也不只是传统的军事对抗。美俄竞争会持续，今天的俄罗斯跟以前的苏联不可同日而语。”在谈到未来美俄关系时，卜励德表示：“俄罗斯的经济决定于能源的价格，能源价格降低，俄罗斯的世界影响力也会减弱。我想目前美俄矛盾不会加剧，美俄会找到减少摩擦的方法。”

此外，“棱镜门事件”的曝光，在国际舆论界掀起了巨大的波澜。美国国家安全局（NSA）到底是滥用职权还是合法地维护国家安全，斯诺登到底是爱国者还是叛徒的讨论引爆了美国，各界观点不一，口诛笔伐不断。皮尤研究中心此前的民调显示，有 63%的人表示政府收集通信数据的做法会让自己感到隐私受到了侵犯，然而 62%的受调查者认为当隐私与反恐冲突时调查恐怖分子要比隐私更重要。斯诺登是英雄还是叛徒，调查结果没有给出明确的答案。

卜励德表示，每个人都因为角色的不同而有不同的见解，“我的见解形成源于我是美国官员，是对外政策官员。我认为他的所作所为是对美国的威胁，其他人也许有自己的看法，但是美国政府必须因此付出更多，我认为他的所作所为没有为美国带来任何利益。”卜励德说：“我认为他是罪犯，他触犯了美国的法律，并且破坏了美国在国外的情报资产，为此应该受到惩罚。”

美国著名政治学家弗朗西斯·福山在美国《外交》双月刊 2014 年 9/10 月号上撰文《衰败的美利坚——政治制度失灵的根源》，细剖美国政治制度诸多流弊，结尾感叹改革无望、“死路一条”，引发学界关注。卜励德并不赞同福山的观点。“我对国会内部的斗争感到受挫，但总体而言，美国政治和政策制定可以应对出现的变化，华盛顿确实存在僵局，例如国会，或者一些机构如森林局不像以前那样独立。但这并不是支持美国衰落的依据。可以抱怨，可以批评，这也是我们所做的。停止抱怨和批评的那一刻才是美国衰落的开始，而这种情况不会发生。”

卜励德

美国资深外交官，亚洲通，中国问题专家。他目睹了美国对华开放，同时也见证了标志中美关系正常化的文件——《上海公报》的签署。1978 年夏天，卜励德受美国国家安全顾问、著名国际问题专家布热津斯基之邀，加入美国国家安全委员会，负责研究美国对日本、朝鲜、东南亚等地区的政策。

陈　峥

毕业于美国密歇根州立大学电视新闻系，2014年加入深圳卫视《直播港澳台》团队，现任深圳卫视驻美负责人，个人专栏《华盛顿驻点记》主持人，专访过过百位权威专家学者以及中美官员。

斯诺登事件：陷入困境中的美国

沈丁立

2013 年 6 月以来，美国中情局原特工爱德华·斯诺登离开美国，并在海外泄露美国政府大规模监视国内外电信的信息，令国际社会掀起阵阵波澜。随着斯诺登一段时间的持续揭秘，国际社会更加清楚地认识到美国监控他国电信的严重程度。这种监控，不是美国“反恐”之理由所能掩饰的，美国非法获取他国机密，损害他国利益，为其他国家所难以容忍。同时，美国政府大规模监视本国民众，也引起了国内舆论的相当不安。迫于内外压力，美国政府已着手改革，改善国内对于网络监视的程序管理。

震惊世界的斯诺登

自地球上出现人类以及国家以来，不同人群与国家间相互开展侦察以获知对方资讯，就早已屡见不鲜。我国古代著名军事家孙子提出的“知己知彼，百战不殆”，即指出了知悉对手情况之重要。在当代国际社会，无论是人力情报还是国家技侦等手段，均为各国所普遍采用。

即使没有斯诺登爆料，各国大多也假定本国时常为他国所监视。其中，美国以外的国家，大多假定已经为美国所监视，这些国家还可能早就掌握有关证据。但由于情报工作的隐秘性，以及彼此开展针对对方情报工作的对称性，各国在展开这种特殊工作时，大多低调处理：对外开展情报工作高度保密，防范对手开展情报刺探也多低调，以免对手公开报复从而造成彼此尴尬。

即使如此，斯诺登的揭秘仍使国际社会大开眼界。据透露，美国在“9·11”事件后大力整合情报部门，其 16 个情报局的总预算在十年内翻番，至2013年已达526亿美元。据悉，中国、俄罗斯、伊朗、古巴和以色列五国高居美国实施网络攻击的榜首。美国开展网络渗透的对象十分广泛，朝鲜、巴基斯坦、德国和诸多欧洲盟国无所不包，真正做到了亲疏不分，远近平等。美国不仅监视远在其他大陆的国家，对自家门口的美洲大陆的国家也不放过，就连巴西和墨西哥总统的通讯也被其严密监视。

据悉，美国国家安全局已开发2 000多种网络攻击技术。美国政府采用这些工具对他国电信网络持续发动攻击，从中截留海量网络信息。鉴于美国在互联网技术上的垄断优势，美国政府特别要求本国信息企业在其产品和服务中预留“后门”，使其随时可进入使用这些技术与设备的他国系统窥视。据透露，美国国家安全局发展了强大的密码破译能力。结合其超级计算机的超算本领，美国政府已具备强破传统加密的能力，这意味着世界上任何网络机密在美国政府面前都基本透明，无密可保。

美国政府大规模监控他国网络，已引起国际社会的强烈反对。美方称，监控他方是为了国际反恐预警，将网络上正在拟议的跨国犯罪活动扼杀于摇篮之中。若确如此，美国实施网络监控不无可理解之处，尽管这本身侵犯他国主权。

但是，美国实施网络跨国攻击以广泛侦察他国政府并监视其领导人的做法，则无法以国际反恐予以搪塞，因为此举严重违反了国际法，侵犯了他国主权。如果他国因为本国反恐之需而监视美国政府与领导人的电信，那么美方必然无法接受，不然美国安全部门也不会耗费1 800万美元的巨资给奥巴马总统打造出号称绝对保密的移动电话。因此，当巴西总统罗塞夫得知其电邮与电信被美国获取时，自然十分反感。由于美国对此迟迟不予解释，罗塞夫总统于2013年取消原定的访美计划。类似地，当德国朝野得知美国长期对德国政府实施网络监控后，同样也深感不满。

美国大规模对外监控，甚至延伸至联合国，对象包括潘基文秘书长以及他国一些使团。美国的盟国英国也不甘落后，侦听参加在英国举行的国际峰会的外国领导。这些消息一经披露，立刻引起多家抗议。除了要求英国予以配合之外，美国还长期同加拿大、澳大利亚和新西兰等国合作，打造了横跨欧美与大洋洲的号称“梯队”的电信监控系统，长期实施全球电信监控。

正因如此，尽管美国政府对斯诺登泄密恼羞成怒，誓要将其缉拿惩处，但世界上许多国家对斯诺登揭秘表示能够理解，尽管出于自身利益它们未必都予以公开支持。一些拉美国家似乎有意庇护斯诺登，因为他揭露出美国政府滥用反恐名义无限扩大本国权力，而对他国网络主权毫无尊重。俄罗斯不顾美国威胁，率先向斯诺登提供避难。美国国内对斯诺登揭发本国政府过度监控民众问题也展开了辩论，尽管不少国民并不赞成斯诺登泄露秘密，但他们同时也反对美国政府将网络监控扩大化，这已迫使美国政府对网络监控的法律监管进行改革。

美国面临四重尴尬

斯诺登事件爆发之后，美国政府十分尴尬，表现在四个方面。

首先是美国深受泄密打击。大批美国重要机密进入公共领域，这对美国反恐等正当的安全利益形成冲击，毕竟美国实施国内外网络监视确具反恐目的。斯诺登泄密将使美国国内外恐怖分子更多了解美国反恐的架构与手段，使之更有可能实施规避，因此也将抬升美国反恐难度。鉴于此，对于斯诺登损害美国正当国家安全利益之行为，美国各政府部门深感愤慨，誓要对其全球追缉，严惩不贷。

其次是反映了美国对网络安全的双重乃至多重标准。美国一贯反对他国偷窃美国网络资讯，但它自己却长期大肆窃取他国网络信息。如此行径，令其蒙受虚伪之耻。美国窥视他国网络，偷盗他国信息，却反对他国对美“礼尚往来”，实属双重标准。斯诺登事件发生后，美方采取了三条对策：一为开展内部调查，并借此躲避风头；二来答应与他国沟通，低调处理，避实就虚；三则反唇相讥，声称美国不过做了他国在做之事。然而美国不愿换位思考，即使他国对美国实施网络攻击，它们也不过做了美国在做之事，况且还可能是美国率先挑起网络对抗，而且美国的攻击规模和能力又大大领先。

再次是美国威望严重受挫。美国当局对斯诺登全球堵截，不仅吊销了他的护照，还向他国施压，要求不得允许斯诺登过境、入境。这既造成斯诺登一度被迫滞留莫斯科谢列梅捷沃机场之窘境，同时也激起国际社会更多成员对斯诺登的同情。俄美为此激烈对峙，普京总统以俄美间没有引渡协定为由，拒绝美国引渡斯诺登的要求。考虑到斯诺登仍拥有尚未公开的美方监控机密，他继续在美国境外逗留不啻为对美国的重大威胁。

此外，美国人泄密现象屡禁不止，俨然已经成为一种独特文化。近40年来，美国政府成员屡屡对外泄密。1971年，美国国防部官员丹尼尔·埃尔斯伯格对《纽约时报》泄密，关于越战实情的美军内部文件大批曝光。1972年，美国联邦调查局副局长马克·费尔特向《华盛顿邮报》爆出水门事件，披露尼克松总统为争取连任而滥用公权。近年来，这种严重泄密行为又有升级。2010年，美国陆军上等兵布拉德利·曼宁因对美国开展伊战不满，将多达70万份的政府文件交由维基揭秘网站公开。加上此次斯诺登事件，美国政府的处境更是雪上加霜。在维基揭秘网站开始上载曼宁泄露的美国外交密电后，美国国务院极其焦虑，被迫紧急公关，请求被电文涉及的各国政府予以谅解。

全球道义审判的被告席

如上所述，斯诺登泄密事件发生后，对美国产生了多方面的重要影响。其中既有对美国国内政治文化与反恐安全带来的复杂影响，也有对美国国际形象与世界霸权的深远影响。

在国际层面，美国一贯以当代国际体系的塑造者和国际秩序的维护者自居，言必称人权与平等，经常给一些后发国家带来压力。但在国际社会的现实生活中，美国并非真正愿意并做到与其他国家平等相处。作为一个基督教清教徒占多数的国家，尽管美国政府认为人权平等，但它并不认为国权平等，坚信美国应该具有统治世界的权力。显然，美国这种自诩全球霸主的理论并不能被世界各国接受。但由于美国在二战期间以及之后曾主导过一些世界公共产品，包括联合国、世界银行以及国际货币基金组织等国际政治、安全与经济、金融制度，在一定程度上有利于国际复兴与稳定，美国在客观上树立起其主导世界的地位，这种作用事实上为多数国家所接受。

美国塑造的国际体系首先有利于美国，这是毫无疑问的，但美国不应借此损害他国，不然这种体系将无法持续。然而事实与此相反，即使在美国塑造的所谓公平的国际体系中，美国以权谋私、损害他国的行径也比比皆是，每次都对美国霸权的国际形象造成重创，对美国宣示的国际道义更是讽刺。但美国以强凌弱、损害他国的种种往事，都很难同斯诺登所泄露的美国政府大规模监控整个世界的震撼性比肩。斯诺登透露美国对全球信息实施监控，充分表明美国对国际社会其他成员根本无意平等相待。除了英国等少数国家，美国甚至对包括德国等传统盟国在内的其他大国实施全面监视，而所有这些监视与所谓反恐全无关系。

斯诺登泄密将美国置于全球道义审判的被告席，使美国外交失去了其长期宣扬的道德高地。在一定程度上，这一事件成为21世纪美国霸权衰弱的新标志。事件发生后，美国政府坚持宣称它还将继续对外监控，理由是其他国家也在对美国进行监视。这种逻辑使美国继续指责他国的行为失去了道义基础，这是华盛顿的精英们所不愿看到的。

沈丁立

复旦大学理学博士，美国普林斯顿大学军备控制博士后，复旦大学教授，国际问题研究院副院长。美国圣路易斯华盛顿大学荣誉访问教授，艾森豪威尔学者，上海市国际关系学会副会长。

第 4 章

俄罗斯森林

“俄罗斯可能使人神魂颠倒，也可能使人大失所望。它最能激起对其热烈的爱，也最能激起对其强烈的恨。”著名哲学家别尔嘉耶夫这样说。

近年来，俄罗斯一直是国际事件的焦点。从乌克兰事件到合并克里米亚，从军事介入叙利亚到普京的“核威慑”，从索契冬奥会的万众瞩目到卢布的大幅度贬值，俄罗斯一直处于风口浪尖。俄罗斯民众把摆脱油价下滑带来的经济危机的期望，寄托在普京身上，甚至一场新的冷战也在媒体的鼓吹下变得若有其事。

面对地缘政治与经济危机的双重压力，普京如何迎战？这位政治强人还有什么牌？中国应当如何帮助这位困境中的伙伴？困境中的俄罗斯，会迸发出什么样的力量呢？

普京离“伟大”还有多远？

[俄] 苏梦夏

我想提醒你们，我是个法律人，我认为个人行为应依照法律而行，而非冲动权宜行事。

——普京在其 50 周岁生日会上的讲话，2002 年 10 月 7 日

俄罗斯现任总统弗拉基米尔·普京处于风口浪尖：对一部分人来说他是俄罗斯的救世主，而对另一部分人来说他简直是个独裁者。一些中国人认为普京是“伟大”的，俄罗斯人也是半开玩笑，但越来越经常戏称他为“沙皇”。对那些深受西方霸权困扰的人来说，普京是个敢于和西方抗衡的英雄。而与此同时，他在西方被视为恶棍，特别是他最近在乌克兰危机中的所作所为，在西方给他招来了破坏国际法、挑战冷战后国际秩序的骂名。

自 1999 年 8 月以来，普京顶着不同的政治头衔（总理、临时总统、总统、再任总理、再任总统）成为俄罗斯的最高领袖。1999 年 8 月 9 日，叶利钦在一档电视访谈节目中公开宣布普京为其“继任者”，他由此得以接任。从程序上来说，普京经由大众直接投票合法当选，但当时叶利钦宣布他为继任者着实让人吃惊，因为当年普京只是一个默默无闻的技术专家而非公共政治家。

“拯救者”普京

要了解普京在俄罗斯大受欢迎的核心原因，需要回顾一下他继任之前俄罗斯错综复杂的政治经济情况。20 世纪 90 年代，俄罗斯人民翘首以待的政治意识形态进步得以实现，如言论集会自由、民主选举、分权治理。

然而，由于俄罗斯经济不确定性因素增加、政治社会不稳定，俄罗斯的国际影响力骤降，吸引力也开始衰退。

首先，因卢布贬值，俄罗斯的金融遭受重创。1990 年美元对卢布的固定汇率为 1 美元兑 63 戈比；到 2000 年时约为 1 美元兑 30 000 卢布（1 卢布＝100 戈比）。大部分公民的积蓄蒸发从来没有得到完全弥补，而一小部分人在不合理的私有化过程中暴富，这种行为甚至也为私有化的拥护者所不齿。

其次，20 世纪 90 年代政府权力弱化到不足以保护公民的基本人身安全。许多俄罗斯人在街头暴力以及入室抢劫面前感到无助，而执法机构几乎完全瘫痪。许多人甚至抱怨受到警察骚扰，例如非正式检查个人身份和汽车权证，目的就是敲诈勒索。百姓也直接受到恐怖主义的日常威胁，例如我的一个同学在臭名昭著的 2003 年莫斯科剧院袭击事件中被挟为人质(他幸运地活了下来)。

再次，在对外关系方面，俄罗斯需要经常从外国和国际金融机构借钱。例如 1998 年俄罗斯的对外债务高达其国内生产总值的 146.4%，弱国颓势不言而喻。

有两种可能的方法来解决苏联解体所带来的问题：一是把一切责任推到叶利钦身上，二是坚持延续 20 世纪 90 年代俄罗斯的政策。即使有人称普京的目标是恢复苏联的某些做法，但理解普京选择在意识形态上延续 90 年代叶利钦的做法尤为重要。其中一个可能的原因是普京得以接任得益于叶利钦；另一个肯定的原因是当时俄罗斯已对革命感到厌倦，是时候把改革放在首位了。因此，所有在 90 年代进行的意识形态改变都被保留了下来。普京虽然因威权式的政府而逐渐遭受批评，但是他确实从来没有攻击过民主的理念。他也没有对言论自由、分权治理或直接选举发表过意识形态的攻击，机构运行的技术细节可能有所变化，但是原则没有任何改变。在经济领域，普京不同意修正 1992 年非法私有化的后果，而是坚持自由市场经济原则。一些资产可能在普京继任后转手，但是这些是所有者的改变，而不是体制的改变。俄罗斯坚持自由市场经济的原则，这一事实甚至在 2014 年末再次得到证明。在俄罗斯卷入乌克兰危机以及国际原油价格低迷的背景下，卢布再次遭受挫折，而此时卢布的汇率还是由市场因素而不是政府调控决定的。

在普京的前两届总统任期，即 2000—2008 年间，其政策强调促进经济繁荣、政治和社会稳定以及对外政策正常化，维护俄罗斯的国际形象。正如写普京传记的英国人理查德·萨科瓦指出的，“普京的领导代表着追求回归常态。普京是一位改革家，但是他改变的方法不再是系统的转换，而是系统的管理”。普京对其法学学历尤为自豪，他也是一系列俄罗斯改革派领导人中第一个明确提出依法治国的。此前，戈尔巴乔夫强调言论自由（“公开化”），而叶利钦强调民主。在继任不久前，普京完成学业，获得经济学博士学位。他对德语和英语的掌握，也使得他能够比肩伟大的改革派俄罗斯领导者，例如彼得大帝和叶卡捷琳娜大帝——他们也精通外语，提倡通过掌握西方技术和方法论促进俄罗斯现代化。

这些政策的结果让俄罗斯人颇为乐观：随着20世纪90年代每一个重大问题的解决，社会进步得以实现。首先，普京成功避免了卢布汇率的主要波动。在2014年受到乌克兰危机以及原油价格走低的影响前，汇率稳定在约1美元兑30卢布。普京政府促进俄罗斯公民家庭收入增长，安定人心，让普通百姓觉得开始在改革中受益。2000年至2008年，俄罗斯经济平均每年增长7%。柴甘可夫著有《俄罗斯的强国制度：发展与危机》一书，其中写道：2000年至2005年间，俄罗斯人年收入平均增长26%，而相应的中国人均收入增长只有10%。结果，越来越多的俄罗斯人认为，国家选择了一条正确的发展道路。其次，依法治国的实施有助于重新管控街头暴力以及警察腐败，确保公民最基本的人身安全。此外，车臣虽是恐怖主义的源头，但其叛乱被平息，没有从俄罗斯分裂出去。再次，普京十分重视偿还俄罗斯外债，把这作为重新赢得国际社会尊重的前提。截至2008年，俄罗斯的对外债务减少到其国内生产总值的5%，成为世界上负债率最低的债务国之一。简而言之，在对外政策方面，与苏联时期和90年代相比，通过与西方国家更为密切均衡的合作，普京促进了俄罗斯融入国际社会。俄罗斯既不与西方竞争，也不挑战西方。

被质疑的普京

弗拉基米尔·普京决定采用“普京—梅德韦杰夫搭档”以及最后竞选第三个总统任期的确切背景仍不为人所知。即使中国人用“给我20年，还你一个强大的俄罗斯”来讲述普京的传奇经历，即使他可能确实说过类似他喜欢的20世纪初的改革家彼得·斯托雷平的话，然而这些也并不是普京在俄罗斯最有名的话。在俄罗斯，他更大的成就是促进依法治国，并强调他会严守宪法，至少在20世纪初，人们认为他会把总统任期的数量控制在两届以内。在美国电视节目《福克斯周日新闻》2005年9月18日的访谈中，有人问普京："你今天准备好发表严正声明不在2008年参选总统吗?"普京的回答如下："我以鲜血发誓，第100次重复我已说过99次的话：无论如何我都不会修改宪法。"而他的回答也即刻在克里姆林宫官方网站以及俄罗斯政府报《俄罗斯报》刊登发表。

早在2006年，在拉姆赞·卡德罗夫领导下的车臣议会已经开始效忠俄罗斯，引入一份允许普京参加第三个总统任期选举的宪法修正案提案。然而这份提案在俄罗斯国家杜马（俄罗斯联邦会议下议院）中遭否决。2007年出现了一个似乎合理合法的解决方案：俄罗斯宪法第81条第3部分规定，同一人不能"连续"担任总统超过两届任期（俄语：подряд），而这条可以解读为允许第三个"非连续性的"总统任期。这一解读当然很聪明，然而普京虽然拥有压倒性的支持率，但是在法律和人文圈中还是有一些声音批评这样的解读是与宪法精神背道而驰的。他们辩称宪法起草于苏联解体后的自由年间，更可能意图解决苏联领导人特有的任期不受限制的问题。然而，这样的声音在百姓对普京所获得的成就的热情崇拜下并没有被大多数人听到。2007年前，俄罗斯民众就逐渐清楚地知道普京会在2012年再次担任总统，而在梅德韦杰夫担任总统时期提出的2012年宪法修正案中，总统任期由4年延长至6年。

即使普京广受欢迎、成就非凡，2012年的回归在政治上能够实现，他的决定也没有完全免于非议，并且付出了一些政治代价。2011年12月的议会选举结果表明，与2007年相比，统一俄罗斯党的选票减少了15%，从64.3%降到49.3%。更严重的是，俄罗斯各大城市爆发了一系列民众抗议活动，在2011年12月至2012年5月间达到峰值。民众公开质问普京长期执政的合法性，成为自1991年苏联解体以来规模最大的抗议活动。

我在写这篇文章的时候，普京的支持率排名很高，因为其克里米亚政策所带来的爱国情绪高涨，普京成功地把这归为自己早年总统任期时的主要成就。他的支持率也在克里米亚回归后民众爱国情绪高涨时达到顶峰，回到了2007—2008年的黄金时代。据独立调查机构列瓦达中心的民调数据显示，普京的支持率在2007年时最高，达到了87%，但在2014年1月降到最低的63%～65%（说实话这个数字已经很高了）。在2014年3月克里米亚公投时期，普京支持率骤升至80%，并在2014年10月达到最高的88%，创下了2000年来的新高。

然而，普京的三个主要成就（促进经济繁荣、政治和社会稳定，对外政策正常化，维护俄罗斯的国际形象）似乎在我2015年1月初撰写这篇文章的时候都有所下降。经济状况开始恶化。2012年，经济增长率仍为3.4%，但2013年降到了1.3%，2014年预期经济更加不景气，增长率接近于零（2014年12月世界银行预测2014年的增长率为0.7%）。俄罗斯经济还是依赖自然资源出口，没能成功转变为更具创新性和多样化的经济增长方式。俄罗斯卷入乌克兰危机后，西方施加制裁，原油价格走低，卢布贬值，百姓的经济状况受到挑战。从对外政策来看，俄罗斯的乌克兰和克里米亚政策富有争议，被排挤出八国集团，受到西方国家的经济制裁，俄罗斯实现“常态大国”（融入国际社会的正常大国，概念引自安德烈·柴甘可夫的著作）的梦想似乎还是遥不可及。俄罗斯与西方的关系自冷战结束以来降到冰点。2011—2012年议会和总统选举后出现的合理性危机埋藏在社会大众的灵魂深处，而反对派从狭小的公共空间和紧缩的民众支持度中获益，问题还没有得到解决。

弗拉基米尔·普京的历史性时代仍在继续——判断这是否是他最后的历史也为时过早。今天俄罗斯所面临的经济和外交挑战太过复杂，即便没有像某些西方评论员预想得那么快，或早或晚也会让普京面临巨大压力。法律上说普京还有机会在2018年或2024年继续担任总统，但是他对是否选择参选仍未明确表态。无论是2018年还是2024年，俄罗斯和普京本人都肯定需要考虑他合适的继任者。2018年或2024年接任普京的下一位俄罗斯政治家，很有可能由普京亲自挑选，他不会是当前政治的完完全全的局外人。

最后，值得一提的是俄罗斯当前对外政策中的一个亮点，那就是所谓的“转向亚洲”，加强与亚洲国家，特别是与中国的关系。这么说吧，在俄罗斯历史上有两位著名领导人被称为“大帝”：彼得大帝和叶卡捷琳娜大帝。他们的共同特点是打开了俄罗斯对西方的大门，促进吸收西方文明。当时西方在技术和方法论上比俄罗斯要先进很多，而如今西方在技术、经济管理和社会发展上的优势也很显著。甚至中国举世瞩目的经济进步也得益于其对西方的改革开放政策。因此，对俄罗斯来说，回到普京前两届总统任期时的“常态”发展道路似乎更为明智，这样可以减少如今对外政策中的民族主义因素，同时也能增强经济竞争力和政治实用主义。在加强与中国关系的同时，俄罗斯需要保持对西方国家的开放，继续解决在普京执政最成功的几年中都未解决的长期问题。这些问题包括经济发展模式多样化、提高创新水平。如果能够实现的话，那么一个开放的社会、多样化的经济发展模式以及有差异的对外政策选择会成为弗拉基米尔·普京或之后其他担任俄罗斯总统的人最为宝贵的长期财富。显而易见，这具有历史意义。

（本文由蒋斐滢翻译）

苏梦夏

原名 Larisa Smirnova。现担任厦门大学外文学院外国专家，世界遗产福建土楼形象大使。曾任联合国难民署驻俄罗斯法律助理、世界银行总部分析师。主要研究方向为中俄关系、俄罗斯社会、中俄语言文化比较。

普京与俄罗斯的“强国梦”

姜　毅

2012 年，普京自信满满、雄心勃勃地重回克里姆林宫，开始了他第三个总统任期。在那被视为新时期政纲的七篇竞选文章中，普京向民众和国际社会再次描绘了宏伟蓝图，立誓将俄罗斯带进新强国行列。

毕竟，有了前两个任期在政治、经济、社会、外交方面取得的成功作为基础，有了不断累积的国内人气和支持率，还有了“轻易”击退 2008 年金融风暴和 2009 年经济短暂停滞的经验，更有国际格局在金融危机后重新调整、西方霸权衰退的大环境，普京及其伙伴们似乎有充分的理由续写辉煌。

然而，撇去浮在表面的现象、官方的言论和雄心，可以清楚地发现，俄罗斯面临的问题比之前十年不仅不轻松，反而更加复杂。进入 60 岁的普京远不如 50 来岁那些年“走运”，尽管他的承诺和抱负比前十年气壮得多。

经济结构难以改善

首先当然还是经济发展的途径。2000 年后十年增长的基础并不牢固，依靠资源出口的发展模式“内虚”严重。尽管政府早已意识到问题的严重性，普京早在第一任期初始就表示要改变经济形态、调整经济结构，但十多年过去，当初的规划基本停留在纸面，结构调整看不到改善的迹象。

导致转型步履蹒跚的根源是发展战略依然以“赶超”为指导思想。急切地期望迅速提升宏观经济指标以证明政权的正确和高效、满足社会的强国心态，就很难集中精力于调整结构、营造创新环境这类“慢工”，也很难容忍依靠能源取得的主要统计指标看起来不美。

与这种政府主导型增长方式紧密相关的，就是出现了“旧”的、“传统”的东西恢复的迹象：行政介入经济运行、政府较多参与社会活动、垄断排挤竞争、权力取代规则。政府控制社会的能力加强了，但政府适应市场经济的职能却未见明显改变，政府的服务性未见明显提高。可以说，俄罗斯的现代化在很大程度上不仅是一个经济问题，更是政治和社会问题。

更为复杂的是，在世界经济形势存在着一些不确定因素的背景下，在页岩油气与传统能源博弈的国际能源格局下，曾经推动高速增长的引擎几乎失效，新的赶超动力源何在?

如此看，普京重归之初宣称的五年内要使经济总量跻身世界前五强、六年内保证年均 4%～5%的发展速度、营商环境从第 98 名飞跃进前 20 名等承诺，从一开始就是不可能完成的任务。至于所谓“打造国际金融中心”“使卢布成为国际货币”更是在汇率的“跌跌不休”中化为遥远的梦。

外交事务一团乱麻

外交事务一直是普京吸引人眼球的舞台，却也是他兑现强国承诺无法绕过的“坎”。过去十年里，俄罗斯变得更加强大和自信，但面临的挑战依然十分严峻。

2014 年的乌克兰危机导致俄罗斯与西方关系跌入冷战后新的低谷。俄西关系全面倒退的根源是西方不断扩张势力范围、挤压俄罗斯战略空间，然而从乌克兰危机演化过程中也可看出克里姆林宫政策情绪化的成分。从与西方长期竞争的周期看，在克里米亚和乌东问题上的“绝地反击”很可能只是战斗或战役的收获，未必是战略的成功。

其一，过去一年俄罗斯与西方在乌克兰的较量充分显示了双方在地缘安全和地区结构安排上的根本矛盾，各方都把“对手意识”“绝对安全诉求”、强权政治等冷战对抗手段发挥得淋漓尽致，双边关系再次笼罩起相互对立和不信任气氛，安全防范和军事对峙也将成为双方重要的互动手段。西方历史上的“恐俄”心理重新抬头，又在相当程度上成为支撑西方政治势力“遏俄”“防俄”政策的社会基础。俄罗斯的安全困境问题再次成为外交事务的头号难题。

其二，外部环境的恶化进一步加剧了经济发展的困难，俄罗斯与西方较量的一些弱项和短板已经逐步显现，也必然会耗费俄罗斯相当的精力和资源，在一定程度上对其集中力量于内部发展产生牵制。外交活动的中心不仅是“导弹”，更要为国内现代化创造条件，为社会经济发展服务。民族主义可以成为团结国民的武器，但不是消除一切威胁、解决所有问题的灵丹妙药。国家不可能在对外“龇牙咧嘴”的同时，集中精力于内部建设。事实上，普京也不可能同时打内外两场“进攻战”。未来几年，经济发展显然要让位于克服危机，普京在2012年承诺的体制改革、社会改革也会因为防备“颜色革命”而搁置。

新“大帝”还是新普京？

经过多年精心打造、完美公关，“硬汉”普京被塑造成上天驾得战机、下海探得宝藏，能驭烈马、可捕猛虎，揽全局执掌国玺、懂经济统领内阁的形象。许多俄罗斯人确信，没有他做不到的，他不仅是能引领民众走出困境的摩西，更是能再造“帝国”的彼得。这也就难怪在几次大选中，“跟着普京，就是跟着胜利”成为执政团队主要的竞选口号，总统办公厅副主任沃洛金也毫不掩饰地说，没有普京就没有俄罗斯。

几百年来，俄罗斯多次出现过或因个人而辉煌、或因个人而衰微的历史。无疑，从个人魅力、社会认可度、政治力量基础、执政理念与其他势力的交叉度等方面看，普京仍然是俄罗斯“光荣与梦想”的符号。然而，断定期待“好沙皇”、偏好集权专制是“俄罗斯民族文化特性”，并以此来解释似曾相识的“英明领袖”“民族救星”等颂词何以再现，难免陷入历史宿命论，也是对俄罗斯人追求进步与文明的漠视，似乎也不符合普京政权否认“倒退”、坚持民主的政纲。

对普京的痴迷更重要的是反映了俄罗斯社会的情绪和需求，这就是让俄罗斯成为一个世界上强大和占据中心位置的国家，一个“没有它的参与，世界上多重要的问题也解决不了”的国家。对普京的痴迷与其说是俄罗斯人对权威的崇拜，不如说是面临困难和外部压力时的精神寄托。普京让富有强国情结而又一度被压得抬不起头的俄罗斯人，至少在心理上、气势上得到了“宣泄”。这也就是为何2014年卢布连续暴跌反而使其支持率不降反升的主要原因。

另一方面，今天的俄罗斯所处的环境与2000年时相比已有较大的变化，国家面临的首要任务转变为如何保证稳定、持续的增长。如果说恢复秩序、实现稳定是当年第一位的要求，那么改革和创新就应该是现在的主要课题。在俄罗斯建设新政治社会体制二十年后，众多民众期待的是民主政治发展向前进，而不是停滞或后退。如此，将国家的希望高度寄托于个人既不符合时代潮流，又具有太多不确定因素。曾经由各种有利主客观因素支撑起的“普京光环”的能量还能持续多久？普京之后又如何？

其实，2011年和2012年两次惊心动魄的大选、2013年发展的瓶颈都已经传递出非常明显的信号——2014年因“收复失地”和外部压力制造出的民族主义兴奋点只是暂时冲淡了这个信号。这个信号就是：社会需要出现一个新普京，一个对自己进行改革的普京。

俄罗斯是否需要新“大帝”的命题其实应该这样理解：到底是国家和社会发展需要“大帝”，还是为了固化体制、稳定政权打造“大帝”？

姜　毅

中国社会科学院俄罗斯东欧中亚研究所研究员，俄罗斯研究中心秘书长，曾主持完成国家社科基金项目等。《叶利钦时代的俄罗斯·外交》主编，《新世纪的中俄关系》主编。

危机来袭，俄罗斯如何度过“寒冬”

张继海

2014年下半年，卢布汇率不断大幅贬值，1美元兑卢布相对于2014年上半年30～35的平均水准，曾一度暴跌至80关口，在俄罗斯中央银行的积极干预下，后来徘徊在60关口附近。目前各国货币都是主权国家信用货币，已经脱离黄金作为储备，即黄金非货币化，因此，卢布汇率大幅贬值的根本原因在于市场对俄罗斯经济和央行信心下降预期悲观，直接诱因是西方国家经济制裁和原油价格不断下跌。

西方国家经济制裁，一方面由于地缘政治不稳定导致资本外逃，另一方面限制俄罗斯国有商业银行和石油公司在国际资本市场上获得融资。俄罗斯出口商品结构单一，能源出口占俄出口商品收入一半左右，因此，原油价格不断下跌导致俄罗斯出口收入锐减。

卢布汇率贬值重创俄罗斯经济

卢布汇率大幅贬值对俄罗斯国内经济的影响将是深远而广泛的，归纳起来主要是通货膨胀和经济衰退，即“滞胀”。

为何会引发通货膨胀呢？一个显而易见的原因是，俄罗斯产业结构比较单一，长期以来在日用品和食品生产方面存在短板，严重依赖进口。在卢布汇率大幅贬值和西方国家经济制裁的双重打击下，俄消费品市场价格普遍上涨不可避免。同时，为应对国内不断扩大的债务和保持政府财政平衡，以及帮助在国际资本市场上融资受阻的国有商业银行和石油公司，俄政府势必要开动印钞机印发钞票，目前已有种种迹象表明俄政府确实已经开始这样做了。还有，在物价普遍上涨和俄政府印发钞票的背景下，俄民众将普遍产生通货膨胀预期，囤积商品，这将进一步推动物价上涨，将预期的通货膨胀变为现实的通货膨胀。

这样一来，必定导致俄罗斯经济衰退。卢布汇率贬值和国内经济与地缘政治不稳定将导致资本外逃，在俄国外直接投资将锐减，抑制经济增长。为应对资本外逃和稳定卢布汇率，俄政府需要加息，但加息会提高融资成本，抑制国内投资需求，扼制经济增长，加速经济下滑。还有一点是，随着资本外逃和卢布汇率贬值以及股票市场重挫，俄罗斯民众的财富将普遍缩水，并通过财富效应抑制国内消费需求，进一步引发经济衰退。

俄罗斯政府采取的应对措施

面对急转直下、错综复杂的国际和国内经济形势，俄罗斯政府在经济手段方面已经开始采取积极的应对措施。为抑制资本外逃和卢布汇率大幅贬值，俄央行不断加息，企图以高额的利息回报降低资本外逃的幅度和速度。为稳定卢布汇率，俄央行已动用外汇储备干预外汇市场，试图通过抛售外汇、增加外汇供给的方式稳定卢布汇率，目前已经取得阶段性效果。为做最坏打算，维护国内社会稳定和保障粮食供给安全，俄政府已于近期开征粮食出口税，试图通过征税手段减少俄粮食出口以备国内不时之需。

虽然上述应对措施在近期取得了一定的政策效果，但是，长期来看都具有一定的局限性。首先，加息的幅度具有一定的上限，利息率不能无限度提高，否则会彻底破坏信贷市场。此外，如果不能从根本上改变市场对卢布贬值预期和俄国内经济信心下降，加息对于抑制资本外逃的作用将是非常有限的，并且，加息会进一步导致俄国内经济衰退。其次，动用外汇储备只能是应急举措。即使俄罗斯拥有再多的外汇储备，如果外汇市场始终预期卢布汇率贬值，那么长期抛售外汇储备也必将致其枯竭。再次，增发货币虽然在短期内能够应对债务支出和提高名义收入，但是，这会进一步加剧通货膨胀和加速卢布汇率贬值，陷入恶性循环。最后，征收粮食出口税会进一步限制俄外汇收入，更加依赖能源出口的单一出口商品结构。

上述应对措施并不是俄政府能够采取的全部政策措施，俄政府政策措施工具箱中还留有余地。如果经济形势进一步恶化，资本外逃进一步加剧，卢布汇率进一步大幅贬值，俄政府在外汇储备耗费殆尽之时采取的应对措施可能是实施资本管制，即限制卢布自由兑换和汇率波动以及外汇出境，以将卢布汇率稳定在一定水平上。但是，实施资本管制将是一种代价非常高昂的应对措施，这将从根本上破坏俄罗斯自由经济体制，极大地限制和损伤国外资本在俄投资，从而进一步导致俄经济衰退。因此，实施资本管制将是俄政府在最后关头不得已而采取的应对措施。

从长远角度来看，俄罗斯要努力争取改变出口商品结构过于单一的局面。俄罗斯作为一个人口众多、幅员辽阔以及在国际社会上具有重要影响的国家，外汇收入不应该长期过多依赖能源商品出口，应该谋求出口商品结构升级和多元化。另外，俄罗斯在国内产业结构方面应该尽快弥补在日用品和食品生产上的短板。当然，出口商品结构和国内产业结构调整对任何国家来说都必将是漫长而痛苦的，但是，无论如何，卢布汇率大幅贬值及由此产生的一系列后果为俄罗斯长远经济发展敲响了警钟。

未来发展态势

根据地缘政治和原油价格未来发展的可能走势，俄卢布汇率贬值及产生的一系列影响将可能产生两种主要的发展态势，一种是进一步恶化，另一种是趋向缓和。

如果西方国家进一步加大制裁力度以及石油价格继续下跌并长期保持在低价位，那么，俄罗斯经济形势将进一步恶化。如果俄央行耗尽外汇储备仍不能稳定卢布汇率和有效扼制资本外逃，国内通货膨胀飙升，那么最糟糕的情况将会发生，即对外债务危机和对内货币危机。所谓对外债务危机就是俄罗斯对外无法偿还债务，不得不谋求债务减免或延长债务偿还期限。对内货币危机就是由于发生恶性通货膨胀，俄罗斯民众对卢布丧失信心，尽可能避免或减少持有卢布，导致俄罗斯货币和支付体系崩溃。如果这种糟糕的情况果真发生，那么，势必严重影响俄罗斯国内社会与经济稳定，甚至导致俄罗斯国内政治格局发生重大调整。

与形势进一步恶化相比，俄政府应尽可能争取形势趋向缓和。形势能否趋向缓和也取决于导致危机的两个主要原因的走向，即西方国家制裁和原油价格。如果西方国家能够取消制裁或者原油价格上升，市场将逐步恢复对俄经济信心，预期也将逐渐趋好，这将有利于卢布汇率升值和俄国内经济企稳。西方国家能否取消制裁取决于俄普京政府与西方国家之间的博弈结果，以及能否找到一个双方都能够接受的平衡点，当然，为此俄罗斯将不得不放弃部分地缘政治利益。关于原油价格情况比较复杂，因为原油价格走势受到多种因素影响，其中很多因素俄罗斯无法掌控，如世界经济增长乏力导致的石油需求下降、石油输出国组织产量调控以及与新兴替代性能源在价格上的博弈等。

对中国经济的影响

卢布汇率大幅贬值及由此引发的俄罗斯国内经济波动会对我国经济产生多方面影响，总体上影响有限，但会逐渐显现。首先，卢布汇率大幅贬值近期不会对人民币汇率产生直接的影响和冲击，毕竟人民币汇率主要盯住美元，而人民币汇率相对于卢布会不断升值。其次，原油价格下跌和卢布汇率贬值，将有利于我国原油进口和储备。再次，人民币汇率相对于卢布升值和通货膨胀导致俄民众实际收入下降，将不利于我国对俄商品出口贸易。又次，卢布汇率大幅波动及俄政府可能采取的资本管制应对措施，将加大我国对俄贸易和投资的汇率风险，尤其那些以卢布进行结算的交易。最后，如果这场卢布汇率大幅贬值风波及由此产生的一系列影响不断恶化，导致债务危机和货币危机并最终引发俄经济社会动荡，则会对中国产生严重影响。毕竟，一个繁荣、稳定的俄罗斯对于我国经济与社会发展具有重要战略意义。

张继海

深圳大学经济学院副教授，硕士研究生导师，经济学博士，主要研究领域包括：宏观经济政策、产业经济学。出版个人学术专著一部，独立或合作在《经济学动态》《山东大学学报（哲学社会科学版）》《深圳大学学报（人文社会科学版）》《东岳论丛》《经济理论与经济管理》《消费经济》等中文核心期刊发表学术论文多篇。

中国将成为寒冬中俄罗斯的“暖男”

杨 成

2014年，中俄两国元首在亚信峰会、上合峰会、APEC领导人非正式会晤等机制内一共进行了五次会晤，高频次的面对面深入交流催生了两国务实合作的诸多共识，包括能源在内的各领域合作齐头并进，屡创历史纪录。

中俄关系的井喷式发展和俄西关系的持续恶化，中国的雪中送炭和美欧等西方发达国家对俄政策的雪上加霜，以及俄罗斯对华投桃报李和对西方“以眼还眼，以牙还牙”的立场，均构成了鲜明的对比。在很大程度上，俄西“大国政治的悲剧”成就了中俄关系的喜剧。

中俄关系处处繁华

新的双轮驱动模式促成了2014年中俄关系处处繁华：一方面，中俄关系近年来始终处于高位发展，在制度化程度不断提升的同时，质量也稳步提高。而且，中俄关系的制度化进程是以制度累积的模式体现的，即新生制度建立在既有制度的基础之上，使得与之相适应的整个制度不断累积、增量发展。这就意味着中俄关系朝某个方向发展成了一个大趋势，而个别小趋势变异、互相抵触的程度与范围会随着时间的加长而逐渐缩小，从而使得谋求更广泛、更平衡、更持久的合作转化为两国关系内生性规范。在此意义上，进入习普时代后中俄关系结出的累累硕果是前期积累顺理成章的发展。另一方面，乌克兰危机的爆发和逐渐升级进一步固化了俄西的结构性矛盾，强化了俄罗斯的不安全感，改变了普京当局的内外政经议程，并为中俄关系的发展塑造了新的战略环境。由于整体实力的差距，西方的制裁给俄罗斯的压力对俄造成的危害日益严重。俄罗斯需要营造“西方不亮东方亮”的战略氛围，需要中国“给力借力”，制衡来自西方的强大压力。这就成了中俄关系加速发展的催化剂。这也往往被视为2014年中俄关系取得更多突破的最重要外生因素。

显然，中俄双方在一系列外交事件上的默契程度，反映了后冷战时期中俄关系一以贯之的核心原则——在体现双方共同利益和对方关切的重大问题上相互支持、互为支撑，意味着中俄全面战略协作伙伴关系，包括能源战略伙伴关系在习普五次会面后完成了从再定位到加速推进的过渡，并折射出两国合作的新水平和新方向：

——针对涉及国际和地区安全、和平与稳定的重大问题，中俄联合提出议程设置并联合实施的频次和范围将趋于增加。中俄两国有望实现更为密切的协作，共同参与全球发展与地区治理，共同秉持和平、稳定、共同发展和共同繁荣的原则，提供更多的公共产品。

——坚决捍卫国际反法西斯战争成果、维护战后国际秩序在两国关系议程中的重要性将进一步提高。两国元首在2014年年内五度会晤，两度重申2015年共同举办庆祝世界反法西斯战争70周年活动的重要决定，旨在向国际社会传递出明确信号。

——中俄能源伙伴关系的全面推进且不可逆转将为两国关系的深化发展提供持久“燃料”。在乌克兰危机、卢布汇率暴跌背景下，俄必须应对包括油价下降等因素的综合冲击波。这对于高度依赖油气资源的俄罗斯经济，无疑是巨大挑战，但同样给中俄能源合作的强化提供了新的历史性契机。普京在参加亚信上海峰会期间签署了中俄东线天然气管道项目合同，2014年11月又选择在APEC北京会议期间宣布西线天然气管道方案大局已定，更是突出了中俄互为战略支撑的意义所在。可以预期，类似东线管道长达十余年的周折不会再现。

中俄关系屡获突破性的进展表明，这一组大国关系在中俄两国的整体外交格局中占据了不可替代的特殊地位。它是被共同目标、共同利益、共同挑战联系在一起的两个邻国之间成熟的、真正意义上的全方位战略合作伙伴关系，在两国元首建立起良好亲密的个人友谊之后已渐入佳境。中俄关系在未来五到十年以内致力于发展全方位、均衡化战略协作的基本议程已更趋清晰，更稳定、更理性、更健康。与中俄关系的不断升温相比，俄美关系的冲突性和矛盾性正在被乌克兰危机放大，短期内得到迅速改善的可能性日益降低，受制于中期选举结果的奥巴马政府再次“重启”俄美关系几无可能。换言之，与俄美、俄西关系需要不时归零“重启”不同，正在“加至全速”和“提高质量”的中俄关系更鲜明的特征在于其稳定性、可靠性、持续性及可预见性。

乌克兰危机

在乌克兰危机中，中国并非“相对超脱”。由于俄美欧与中国均有各项利益交汇，且中国在乌也有投资贸易乃至军技合作等现实利益，中国在某种程度上同样也被深深地卷入到乌克兰危机之中，成为各方均不能低估的“看不见的手”。在此背景下，中俄关系的 2014 年高潮刺激了乌克兰危机中与俄针锋相对的另一方，中国连带着中俄关系都成为西方妖魔化的目标。

在这一话语体系内，中国与俄罗斯之间的正常合作也被质疑为中国明里客观中立实质对俄全方位扶持的“不道德行为”。于是，中国强调乌克兰危机“事出有因”被当作了为俄罗斯开脱；中方支持对马航客机坠毁事件进行独立、公正、客观的调查并强调“不宜匆忙作出结论，进行主观推断，或相互指责”被解读为助“俄”为虐；中国坚持不干涉内政原则被视为坐视俄罗斯在乌克兰问题上为非作歹而“不作为”……在美欧加大对俄罗斯能源企业制裁的背景下，中俄不断升级的能源合作以及 2014 年 5 月建立起的全面的中俄能源合作伙伴关系在西方的有色眼镜中也变成了非正常现象，似乎中国有意与西方在对俄制裁问题上角逐一把。

必须指出，上述西方的主流论断，很大程度上是对中俄关系的误读。同时，这也是对中美关系的误判、对中国在乌克兰问题上立场的误解。

如果说冷战结束后头十年的中俄关系确实更多受外部环境与外部压力驱动，那么新时期的中俄关系已经在逐渐改变这一动力机制，而更加注重“外生性”与“内向化”因素的平衡。从中长期前景来看，双边层面的务实合作对于中俄关系的重要性将日益突出。换言之，两国在国际舞台上的合作固然是一个重点，但对彼此更重要的恰恰是加强双方在经济、科技等双边领域的合作。这种“内向化”发展的特征对中俄关系的议程设置已经产生了重要影响。

中俄关系的习普时代顺利开局后，两国领导人已将发展成熟的、真正意义上的中俄全方位战略合作伙伴关系列入优先目标。于是，改变政热经冷、上热下冷等结构性问题是题中应有之义。在此背景下，加强相对短腿的中俄经贸合作，包括从石油到天然气，从煤炭到核能，从水电到新能源的全面能源合作成为中俄双方利用各自的比较优势进行全面合作的自然选择。可以肯定的是，无论是否发生乌克兰危机、西方是否对俄制裁及其力度如何都不会改变中俄之间的正常双边往来。可兹参照的先例是，美国制裁伊朗三十多年，但其盟友欧盟国家并未完全终止与伊朗的石油贸易，特定时期所制定的跟随美制裁的战略也未能持之以恒。何况中美和中欧之间并无盟约，西方媒体拿中俄能源合作说事纯属“欲加之罪，何患无辞”。

而在中美关系方面，中国没有尝试过也不会去挑战乃至取代美国在亚洲地区的地位和影响力。长远来看，美国所谓的“重返亚洲”使得中美在目前的经贸依存与利益镶嵌格局基础上，增加了共同维护亚洲安全繁荣稳定的责任和利益交集。换言之，只要美国亚太新战略的取向不是以赤裸裸地遏制中国为直接目标，中美两国的共同利益以及中美关系之于中美两国的重要性在亚太地区层面上可能都要超过中俄关系。因此，所谓乌克兰危机催生的中俄的大陆型权力联盟同美国重启与亚太国家组成的海洋型联盟之间的对抗只是一种无中生有的恶意揣摩。

更重要的是，当下俄西围绕乌克兰危机而趋于升级的制裁与反制裁尚不足以启动一场新的冷战。俄罗斯和西方都十分清楚，在各自面临许多新威胁、新挑战的情况下，二者都无力再开辟一条新的对抗战线。最重要的是，持续冷战已丧失其所必需的基本的结构性先决条件。正如英国著名俄罗斯问题专家萨克瓦所指出的，俄罗斯不处于对美国霸权构成系统性挑战的中心，它不仅缺乏进行这种挑战的资源，而且也不具备思想基础和公众基础。同时，在全球权力转移加速进行的背景下，俄罗斯远不是美国所要优先考虑的对象，超级大国两极化的时代已一去不复返。

美西的当务之急不是利用话语霸权塑造一个并不存在的中俄威权同盟，而应基于历史和现实的战略视野，客观准确地评估乌克兰危机，不再将乌克兰视为大国博弈的一枚棋子，在充分观照到“人的安全”的前提下，跳出制裁与反制裁的逻辑，推动危机的缓和和最终解决。中国在乌克兰问题上并无私利，因此，中国此前的各项呼吁应该得到所有当事各方的认真考虑。

综上所述，无论从哪个角度评估，中俄关系的习普时代都已顺利开局并渐入佳境。在习普主政之下，致力于发展全方位、均衡化战略协作已经成为中俄关系的基本议程。而两国元首建立的良好工作关系和亲密个人友谊更为这组制度安排最完备的大国关系提供了更强劲的组合式发展动力。尤为关键的是，中俄关系已然具备了成熟大国关系的一切要素，双方在一切利益契合的领域展开了卓有成效的合作，在利益相异的方面也做到了相互尊重彼此，关切并寻求最优的共处之道。鉴于制度化具有天生的稳定性，在中俄关系的制度安排下，中俄双边合作开始变为一种有规则的、稳定和长期的结合。这种合作制度可以调节、限制和疏导彼此的权利和义务。在此意义上，中俄关系的可持续发展在近期内已经有了保障。

中俄关系的未来

除去制度积累的因素外，在中俄关系新的一年总体走向的诸多影响因子中，最核心的要素可能仍在于日益陷入发展困境的俄罗斯经济以及由此伴生的政治生态的变化。在某种程度上，2014 年岁末前的卢布危机只是被西方制裁和乌克兰危机放大了的陈年旧病，而绝非梅德韦杰夫所形容的一场“情绪的游戏”。

用俄罗斯学者自己的话讲，从现有的黄金外汇储备规模及当局采取的各项应对政策看，普京政权至少可以撑两年；但难题恰恰会在那时候开始，议会选举和 2018 年的总统选举都需要 21 世纪头十年的昂扬奋进的“普京经济学”有更出色的变现，严厉制裁可能会使它成为俄罗斯可望而不可即的梦幻。可能这也是为什么当危机不可遏止地袭来之际，普京当局开始了紧急的自我救赎，希望能够借助足够多的行政干预稳定民众与资本对俄罗斯经济的充足信心，并同时竭力发展与中国、印度等东方伙伴的关系。

换言之，这意味着只要俄西的结构性矛盾作为一个常态保持总体不变，只要俄罗斯自身过于依赖油气出口的经济结构短期内得不到调整和改善，俄罗斯对于中国的需求只会随着乌克兰危机的久拖不决和俄国内现代化的迫切需要而不断上升。这在客观上将有利于塑造一个更为有助于拓展和深化中俄关系的外在环境。在欧亚大陆寒意肃杀的氛围中，中国绝对是俄罗斯所期待的那个“暖男”。

而就中长期而言，即使中俄关系出现一些令人意想不到的变化，也会因为其制度化的原因而得到释放和缓解，甚至消除。因此，推动中俄关系不断朝着制度积累而非制度耗散的方向发展，对于中国未来成长为全球大国具有重要意义。可以预期，两国未来的全面合作将始终不渝地致力于在外生性和内向性维度之中寻找到黄金分割点。这些特质都保障了中俄关系中长期内既有表面的轰轰烈烈，更有深层的扎扎实实。这对于整个国际关系的民主化以及地区和平、稳定和发展都具有重要的战略意义。

当然，这并不意味着中俄关系从此就会自动保持积极前进的势头。我们对中俄关系的期望值要适度，既要避免片面怀疑，也要避免过度拔高。我们不能指望俄罗斯言必称俄中关系，不能指望俄罗斯在所有问题上都与中方意见一致，也不能指望所有同俄合作的项目都一帆风顺。相反，随着中俄务实合作的进一步发展，在合作进程中产生新的矛盾、出现新的问题的可能性反而会增多。因此，越是意识到中俄关系的重要，越是要倍加珍惜呵护，越是要不断地增加投入，越是要巩固彼此的信任，越是要夯实这组大国关系的社会基础。

我们还应该意识到，乌克兰危机久拖不决固然可以加速中俄关系的发展，但这毕竟不是常态。因此，推动处于新的历史起点的中俄关系向前发展的关键还在于，在务实进取的基础上，在更新观念、排除干扰、与时俱进原则的指导下，重点就致力于“三个新型关系”下功夫，即联手促成新型国际关系的生成、与周边邻国共同致力于形成新型地区关系以及不断发展中俄间的新型大国关系。其中，双边的内向性合作越扎实，中俄关系的未来越有保障。届时，2014 年高潮就不仅仅是美妙的一瞬，而是永恒的美丽。

杨　成

教育部人文社会科学重点研究基地华东师范大学俄罗斯研究中心副主任。曾任外交官七年，现从事俄罗斯与欧亚问题的研究。发表中、英、俄文等论文五十余篇，部分作品被译为法、德、日文。2008 年至今学术成果已六次获得省部级奖励。担任过英国剑桥大学等国际名校的访问学者或客座教授，被聘为俄罗斯科学院世界经济和国际关系研究所特邀首席研究员。

第 5 章

寰宇经纬

除了大国关系之外，世界依然被各种热点事件包围。

从威胁整个中东安宁的“伊斯兰国”，到遭遇《沙尔利周刊》恐怖袭击冲击的欧洲，从拉美“反全球化”的人群，到不断释放强硬信号的朝鲜……这些国际社会中突兀的部分，都暗示着这个世界的局促与无奈。

从区域政治的角度上看，每个地区、每个国家都有其困惑、不安、焦虑。有的问题，甚至已经成为全球性问题，成为文明世界的毒瘤。让我们一起扫描世界，探寻问题的根源及解决之道。

“伊斯兰国”不仅仅是恐怖组织

殷　罡

回顾 2014 年的中东，“伊拉克和大叙利亚伊斯兰国”（ISIS）横空出世并迅速在伊拉克北部和叙利亚东部攻城略地，无疑是最震撼世界的大事。

这个打破了中东百年版图而形成的极端实体，无疑还将继续危害世界，尽管反“伊斯兰国”联盟已经组建，讨伐誓言响彻全球，来自美国、欧洲和周边阿拉伯国家的空军空袭不断。因为，导致这个恐怖主义准国家出现的因素由来已久，这就是该地区民族教派尖锐对立、百年前确立的政治版图存在巨大隐患、伊斯兰极端主义思潮恶性蔓延，以及该地区的强权人物在“9·11”之后的反恐战争和反专制革命中命丧黄泉或伤痕累累。

极端主义理论的追随者们

2003 年倒萨战争刚刚打响，“基地”组织就抓住了机会，开始在伊拉克排兵布阵，成功地将战后的伊拉克变为逊尼派“圣战”分子的杀人乐园。但当“基地”组织伊拉克分支在 2006 年 6 月建立“伊拉克伊斯兰国”时，没有引起国际社会很大反响。很多人视之为闹剧，也有些媒体以嘲弄的口吻加以报道。当时该组织创始人扎卡维已被美军击毙，驻伊美军大幅度调整占领政策，越来越多的逊尼派部落长老开始同美军合作，伊拉克各派在沙特阿拉伯签署了旨在实现各派和解的《麦加文件》，伊拉克政府也解除了对前萨达姆军政人员的政治歧视，社会矛盾和教派矛盾都有所缓解。

与此同时，新组建的伊拉克军队和美军一道对“基地”组织发动了全面而猛烈的攻势，“基地”组织活动十分猖獗的安巴尔省，民众则发起了武装驱赶“基地”分子的“觉醒运动”，伊拉克安全局势发生了明显好转，就连处决萨达姆这样的大事也没有引起什么波动，热衷于在人口密集地区制造爆炸的“基地”组织已经成为伊拉克各派公敌，活动能力大幅度下降。正是在这样的条件下，除美军以外的多国部队相继撤离，美军也自2008年起大规模减少在伊拉克的驻军。

但伊拉克“基地”组织没有瓦解，萨达姆的世俗化复兴党也没有被斩草除根，在复兴党残余势力的协助下，他们利用奥巴马撤军、伊拉克逊尼派再度受压的机会，逐渐恢复了实力，并在叙利亚内乱中以独立身份积极参战，通过吸收各国“圣战”分子壮大队伍，急剧扩大了控制区域。当他们在2014年1月攻陷伊拉克逊尼派重镇费卢杰并宣布建立“伊斯兰酋长国”时，国际社会的注意力集中在叙利亚战争上，没有予以充分重视，美国政府的表态只是“相信伊拉克政府有能力应对”，而忙于派别争斗的伊拉克政府也只是空喊几句口号。直到2014年6月他们以ISIS的名目突然在伊拉克北部攻城略地、兵临巴格达，人们才真正意识到了威胁，开始担忧一个极端主义伊斯兰势力建立的实体国家会颠覆英国人和法国人在1916年规划的伊拉克—叙利亚版图。

“伊斯兰国”的发展脉络是清楚的，做大的条件也是清楚的。这个实体最早是“基地”组织的一个分支机构，蜗居约旦无所事事，2003年的倒萨战争为其进入伊拉克发展壮大提供了绝好的机会，“阿拉伯之春”搅乱了叙利亚，更为其建立实体国家提供了可能。当然，这一切的前提是：在我们的世界上，存在着伊斯兰极端主义理论，存在着越来越多的这一理论的追随者。

“伊斯兰国”以所有“异教徒”为敌，声称要攻占西亚、中亚和北非的全部伊斯兰地区，建立一个“正统”哈里发国家，并在欧美等国开展“圣战”。事已至此，国际社会不得不整体动员，找出解决办法，因为这是对全人类的威胁。

解决“伊斯兰国”问题首先要判断其短期目标。尽管他们口气很大，也有其他一些国家的追随者宣布效忠，但在眼下，他们没有能力也没有意图进军巴格达、染指伊拉克南部什叶派地区和挑衅伊朗。“伊斯兰国”的活动区域基本上是逊尼派传统领地，他们将英法委任统治者划分的伊拉克和叙利亚边界打通，事实上已经在该边界两侧建立了一个极端逊尼派实体国家。如果周边国家和西方列强不以认真而强大的军事行动将其摧毁，这个国家有可能继续存在一段时间，并对中东安全和中东政治版图构成持续挑战。

维持了一个世纪的中东政治版图，不能说是合理的。伊拉克这个国家是英国和法国委任统治者将什叶派、逊尼派和库尔德人分别聚居的奥斯曼帝国东方三省拼凑而成的，先天性地埋藏着内乱和分裂的火种。叙利亚的版图和体制也有先天性弊端，随后形成的什叶派少数统治逊尼派多数的现象也是难以为继的。但仓促变更这一版图有可能造成更大的动乱。即使要变，也绝不允许由一个反人类的“国家”统一叙利亚和伊拉克的逊尼派领地。而倒萨战争和反阿萨德专制战争恰恰为这个反人类的“伊斯兰国”提供了统一该地区逊尼派传统领地的机会。

有些国家支持“伊斯兰国”

正是由于“伊斯兰国”谨慎地限定短期争夺地域，没有将战火引向周边国家，反“伊斯兰国”联盟即便建立了也难以组织起对这个逊尼派极端实体的全面彻底的围攻，因为这种围攻的必要性不会得到广泛认可。此外，在恢复秩序的安排上，美欧国家和海湾阿拉伯国家合作委员会成员国竟然以排斥叙利亚现政府为前提，继续在这一地区按既定方针办事，试图在击败“伊斯兰国”的同时，完成对所谓受什叶派控制的叙利亚政府的颠覆。也就是说，在颠覆叙利亚政府这件事上，有些国家事实上是“伊斯兰国”的同盟者。

这就给“伊斯兰国”的继续存在提供了机会。尽管对“伊斯兰国”的空中打击是有成效的，但没有目标明确的整体地面战，“伊斯兰国”是不可能被铲除的。而没有适当的战后安排，即便“伊斯兰国”被打垮，这一地区的战乱也不会停歇，还会出现新的血腥争斗。

说到底，教派争斗和体制争斗是“伊斯兰国”现象的本质。尽管逊尼派主导的阿拉伯国家和什叶派主导的伊朗及叙利亚都反对“伊斯兰国”的倒行逆施，但各国对威胁的感受是不同的，作出的反应也不可能一致。在这一地区持续了千年的教派争斗，是彻底铲除“伊斯兰国”的巨大障碍。为克服这一障碍，国际社会需要认真统一认识，采取尽可能一致的共同行动。

说到体制问题，强人专制固然不好，但极端主义伊斯兰专制更不好。推翻萨达姆的专制，为可怕的“伊斯兰国”专制提供了空间，这一点现在已经很少有人否认了。既然如此，在谋划围攻“伊斯兰国”的时候，为什么又坚持将“伊斯兰国”的主要对手阿萨德政府排斥在反“伊斯兰国”联盟之外呢？是因为阿萨德专制，还是因为他属于什叶派？

显而易见，解决“伊斯兰国”问题，不是一件容易的事，也不是一件短期内能做到的事。眼下，承受了“伊斯兰国”猛烈冲击的相关各国，逐渐明确了各自的利益和应对措施。沙特、阿联酋和约旦等阿拉伯君主国有限度地投入空中打击力量，但绝不将地面部队派往前线厮杀，它们知道固守本土才是要务；土耳其明白这场厮杀与己无关，但削弱叙利亚这个老对手的机会不用白不用，因此在隔岸观火的同时，也不失时机地拉偏架，为叙利亚反对派提供庇护和援助，而这些援助有助于遏制“伊斯兰国”的扩张，但又为今后叙利亚的进一步内斗做了铺垫；伊朗是“伊斯兰国”的死敌，不仅在“伊斯兰国”武装席卷伊拉克北部的次日就向伊拉克政府提供了空中打击力量支持，而且始终派员协助伊拉克稳定北部战线，并联手黎巴嫩真主党为拯救叙利亚政府发挥了关键作用。不过，既然美国人、欧洲人和阿拉伯人都意识到了威胁，排除伊朗的反“伊斯兰国”联盟已经建立，伊朗就没有必要再为别人的事操心了，核谈判才事关伊朗的前途。

至于中东乱局的始作俑者英国和法国，以及后期试图“替天行道”而又打错了方向的美国，早已明白一个道理：中东是域外大国的陷阱，利用自己的优势帮帮忙可以，再把军队派进去参与地面绞杀，不仅得不偿失，还有可能引火烧身、自乱阵脚。

但倒行逆施的“伊斯兰国”，毕竟不为人类社会所容，联合国和反“伊斯兰国”联盟各国断然是要坚持对其实施打击的，只是受各方自身利益和参与意志的限制，以及“伊斯兰国”毕竟迎合了伊拉克和叙利亚逊尼派不满被边缘化的心理，我们还会见证“伊斯兰国”继续肆虐中东，其影响不仅不会减弱，还有可能继续扩散，给世界上更多的地区造成更多的威胁。

不能把“伊斯兰国”仅仅当作一个恐怖组织。有必要充分认识其产生的安全背景、意识形态背景、伊斯兰内部教派背景、文明冲突和教派厮杀背景。

殷罡

中国社会科学院西亚非洲研究所研究员、中国中东学会常务理事。2015年起任清华大学国家战略研究院中东项目和民族—宗教项目主任。研究领域包括：中国和中东国家关系，中国古代犹太社团与穆斯林社团，阿以关系和中东国际关系。

中东局势：怎一个“乱”字了得

马晓霖

2014年12月23日，面对接近40美元的历史低价，沙特石油大臣纳伊米放言，即便降到20美元，沙特也绝不以减产提价。22日，突尼斯呼声党领导人埃塞卜西在选举中得票率达55.68%，成为该国首位民选总统。同日，利比亚安全部队在东部城市班加西与民兵武装激烈交火，11人死亡，59人受伤。21日，“伊斯兰国”分子重占伊拉克北部石油重镇拜伊吉。17日，伊朗核问题“6+1”谈判无果而终，被迫推迟到2015年再议。14日，哈马斯在加沙举行盛大示威，重申消灭以色列。7日，以色列战机空袭叙利亚国际机场。同日，大批埃及示威者涌上街头，抗议法院对前总统穆巴拉克所做的无罪宣判……

2014年岁末这些零星新闻，既是中东动态的延续，也是该地区全年乱象的缩影。2011年“阿拉伯之春”大地震已历3年，但严重的冲击波留下明显和斑驳的后遗症：政治转型依然深陷持续阵痛；经济复兴难以重启；恐怖势力逆势扩张；巴以冲突空前惨烈；伊朗核危机曙光乍现但隧道漫长；海湾产油国面临低油价，引发诸多猜想。一句话：2014年的中东，满目疮痍，怎一个“乱”字了得?

只有突尼斯成功转型?

突尼斯，一个北非小国，却是“阿拉伯之春”导火索的发生地。正是2010年12月中旬的自焚个案，引爆席卷北非和西亚十多个阿拉伯国家的政治风暴。突尼斯时任总统本·阿里的仓皇出逃，也推倒了多名阿拉伯政治强人覆亡的多米诺骨牌。

剧变后的突尼斯，虽曾遭遇零星暴恐袭击和经济困境，但政治形势总体还算稳定，新旧势力、教俗派别在宪政框架内展开了长达3年的艰难博弈。这一博弈以2014年12月的总统大选为标志，总算修成正果，终结临时总统执政的过渡期，向世人呈现了难得一见的圆满转型。突尼斯的阶段性成功能否巩固为新常态，有待时间检验，而阿拉伯"震区"里的其他成员，多无此等幸运。

东邻突尼斯的利比亚，就是个倒霉的样板。它不似突尼斯那样免于内战和大规模的生灵涂炭，也无法像突尼斯那样借助较好的公民素养、政治传统转入议会政治轨道，而是不幸地坠入社会严重失序的深渊。卡扎菲倒台后，各路诸侯争权夺利，派系武装拥兵自重，部落纷争不断激化，教俗摩擦势同水火。新利比亚名为一国，实则两府两院公开分庭抗礼，东中西地区三分天下，原油出口严重受阻。埃及、沙特和阿联酋一度派战机空袭介入，2014年12月，萨赫勒地区5国甚至公开要求联合国安理会组建安全部队，再次干涉利比亚，消灭民兵武装，建立稳定的民主政权。

利比亚之东的埃及，是阿拉伯国家的领头羊，也是中东地区稳定之锚。饱受近3年的血雨腥风后，被街头运动劫持的国家终于以新的军事政变为转折点趋于稳定。2014年5月，推翻穆斯林兄弟会执政体系的军方，勉为其难地组织了总统选举，脱下军装的政变领导人塞西顺利登顶，成为穆巴拉克倒台后的第二位民选领导人。埃及民众发现，一个没有穆巴拉克的穆巴拉克式政权重新统治了尼罗河两岸，却以上万人死亡、经济和社会生活严重倒退为代价。

塞西上台是对穆斯林兄弟会宗教势力勃兴的世俗化反击，体现了埃及主流民意拒绝宗教激进思潮的整体觉悟和悠久传统。但是，实现埃及稳定与大治的根本还在于经济形势的彻底改善。塞西推出的以开凿第二条运河为龙头的经济复兴药方，赢得过短暂的喝彩和期待，但能否药到病除，使就业率和经济增长率回升，很多人持悲观态度。

与埃及隔红海相望的也门，虽然通过总统萨利赫的和平交权实现了不流血政变，但那也只是打开了潘多拉魔盒的封条。2014年12月23日，首都萨那发生炸弹袭击；此前两天，中海油因当地安全形势堪忧，被迫停止作业。仅12月，暴恐袭击就给这个破败国家造成近百人死亡。9月，34家外国石油公司因治安恶化已先期撤离。如此糟糕的安全形势足以让人们怀疑：政权变更的意义究竟何在？拥有的资源又怎能变成财富？

也门糟糕的还不只是治安，而是后萨利赫时代国家主权的分崩离析——国家正在两个层面上加剧撕裂，进而与民主转型的初衷渐行渐远：一方面，因1990年统一而被压制的南北差异和权力失衡继续凸显，被迫于2014年2月宣布实行联邦制；另一方面，什叶派胡赛分离主义也不断以暴恐袭击迫使中央政府退让，并导致10月新任总理辞职。作为第三股势力一直存在的“基地”武装，更是在萨利赫倒台后重新坐大，继续兴风作浪，成为妨碍也门完成和平转型的重要羁绊。

“伊斯兰国”：难对付的恐怖主义实体

2014年9月10日，“9·11”袭击13周年前夕，美国总统奥巴马发表全国讲话，宣布将对盘踞在中东的“伊斯兰国”武装发动“反恐战争”，战场涵盖伊拉克和叙利亚两国，进程至少需要3年。这意味着以反对两场战争（伊拉克战争和阿富汗战争）竞选上台，并致力于撤离两个战场的奥巴马，被迫重新让美国陷入新的两场战争：在伊拉克和叙利亚分别围剿“伊斯兰国”武装。而叙利亚战场还将承担一个附加使命：助推反对派，颠覆巴沙尔政权。奥巴马的新反恐路线图显示，他发包一单开放式战争合同，却没有信心在剩余任期内达成目标，还要把继任者拖进这笔痛苦的买卖。

从反恐战争的层面看，美国的确是自己挖坑埋葬自己，奥巴马又何尝不是在重复这一战略乌龙？“伊斯兰国”的母体是“基地”组织，而“基地”出现的缘起是极端反美主义，是美国中东政策的畸形儿。2004年，“基地”骨干阿布·穆萨卜·扎卡维在沦陷的伊拉克发现新战场，组建和发展了基于伊拉克和约旦的分支机构，并在该地区策划和实施各种暴恐袭击。两年后，扎卡维死于美军空袭，但其追随者并未完全作鸟兽散，其组织也没有完全土崩瓦解，而是蛰伏图存。

2011年，叙利亚内乱爆发，政府军逐步失去对半数国土的控制，活跃在伊拉克的“基地”分子乘虚而入，并以支持革命的名义与部分反叛力量合流。经验丰富的“基地”老兵很快影响并掌控了叙利亚中部的“支持阵线”，促使其效忠“基地”。2012年美军撤离伊拉克后，马利基政府与逊尼派矛盾白热化并造成中西部地区民众离心离德，这给了伊拉克“基地”分子更多腾挪空间和支持基础。“基地”这班人马趁机于 2014 年成立跨境新实体——“伊拉克和沙姆伊斯兰国”（ISIS）。不久后实力大增、名声大噪的“ISIS”索性甩掉“基地”，自立门户，宣布建立“哈里发国”，并将征服世界作为终极目标。

由于奥巴马首鼠两端，踌躇观望，“伊斯兰国”武装在半年内横扫伊拉克中西部 15 个城镇，北抵库尔德核心城市埃尔比勒，东指首都巴格达，最终迫使美国重新武装卷入。“伊斯兰国”武装极端残暴，切割民族国家边界自立王国，不仅直接威胁地区国家政权的安全，而且挑战殖民时代以后陆续形成的世界秩序和地缘规则，势必成为政治孤岛。美国已成功组建包括 10 多个伊斯兰国家在内的国际联盟，围剿“伊斯兰国”。但是，这些盟国心态各异，彼此推诿，出声不出力，甚至夹带私货，导致以空袭为主的攻势效果不彰。新的反恐战争形势严峻，即便最终成功击溃、驱逐“伊斯兰国”的队伍，也很难短时间根除其巨大影响。

巴以和平：血战空前，和谈搁浅

2014 年 7 月初，以色列对加沙地带发动规模空前的海陆空围剿，造成巴勒斯坦 2 100 多人死亡，上万人受伤，以军也损失近 70 人，受伤 400 余人，双方都付出了前所未有的惨重代价。这场名为“护刃行动”的局部战事成为 2014 年度中东最具争议的喋血事件，体现了巴以和平的极度脆弱，以及暴力对话的极度残酷。

冲突由哈马斯成员绑架并杀害 3 名犹太定居者而引发，以色列空袭导致哈马斯用迫击炮和火箭弹向其纵深进行报复，并一度导致特拉维夫国际机场关闭。以色列动用“铁穹”空防体系摧毁至少 6 000 枚火箭弹，并派地面部队突入加沙，与哈马斯展开了地道战。哈马斯以拒绝停火和埃及斡旋的方式，提升自身筹码，但其公开动员民众做人体盾牌颇为失分。以色列也被国际人权组织指责为“冷血无情”，甚至在局部行动中犯下战争罪。

加沙流血后，巴以最终地位谈判彻底搁浅，双方因扩建定居点和耶路撒冷问题再次对立激化。巴方加紧获得国际社会外交承认，以方则以突出国家“犹太属性”来还以颜色。巴以 2014 年的热战与冷战，标志着美国国务卿克里密集穿梭斡旋的彻底失败。尽管一百多名退役军警和情报高官联合敦促以色列总理实现“勇敢者的和平”，但后者态度强硬，全面和解依然无望。

伊核危机：看不到尽头的昏暗隧道

伊朗核危机自 2013 年 11 月取得历史性突破后，国际社会给予“谨慎厚望”，此后一整年的谈判进程表明，这种低调预期非常必要，因为伊朗核危机确实冰冻三尺非一日之寒。解决或缓和这场危机，既是奥巴马外交的收官期望之一，也是伊朗鲁哈尼政府的首要目标所在，彼此需要，一拍即合。然而，美伊积怨较深，缺乏战略信任，各自内部掣肘力量也相当强劲，使得谈判在缓慢中推进。

11 月 24 日最后一轮谈判结束时，双方围绕伊朗核项目的离心机保留数量、可提炼浓缩铀纯度、浓缩铀储量、核查机制以及放松和解除对伊经贸制裁等问题达成一些共识，但远不足以让人欢欣鼓舞。双方不肯在关键问题上让步，也不乐见谈判彻底破裂，只好同意再延长半年时间以求功德圆满。其实，保持美伊关系稳定，就已经是不小的进步。

油价暴跌：盘旋头顶的飞去来器

中东国家 2014 年真正震动世界的，是石油武器的运用。与前几次石油危机相反的是，沙特、阿联酋和科威特等欧佩克主要成员国，利用充沛的外汇储备，发起持续的降价战。自 6 月中旬始，油价由 116 美元的高点一直下跌，相继跌破 100 美元、80 美元、60 美元和 40 美元大关，引起轩然大波。俄罗斯、委内瑞拉和伊朗等生产成本高、出口量大的国家备受冲击，俄罗斯卢布贬值近 50%。

由于上述三国均不受美国待见，这场油价战被阴谋论者描述为美国伙同其阿拉伯小伙伴做空卢布，打压俄罗斯经济，报复其并吞克里米亚。然而，综合分析可见，这场油价战更像是沙美内斗，或曰传统石油开采与页岩油气新宠的市场血拼。沙特等担心美国主导的页岩气革命取得商业化成功，将很快终结中东石油称霸时代，进而使石油王国迅速破产，甚至政权稳定面临严峻挑战，因此，通过保持高出产、低油价，迫使页岩气开采不堪成本高压而停止，以确保产油国富足稳定。

正因为事关国家兴衰与政权存亡，沙特石油大臣纳伊米才有本文开头的那番任性表述。问题是，低油价如果持续下去，也许将成为致命的飞去来器，最终伤及这些严重依赖石油经济的中东国家，届时，躲过 2011 年“阿拉伯之春”的海湾石油王国政权，也许将是另一批倒下的多米诺骨牌。

马晓霖

博联社创始人、总裁，北京外国语大学教授。知名外交专栏作家，电视评论员。曾在新华社工作 17 年，研究方向为中东、反恐、能源安全、大国关系与外交。著有《巴以生死日记》《穿越生死线》《两河生死劫》《中国要淡定》《阿拉伯巨变：西亚、北非大动荡深层观察》等。

旋涡的中心：伊叙的地理宿命

孙兴杰

“伊斯兰国”已经成为美国在中东的头号对手，美国国务卿克里在比利时的布鲁塞尔召集了六十多个国家的高官商讨如何打击“伊斯兰国”。与2001年的反恐战争有些不同，彼时美国援引北约第五条，借助北约强大的军事机器对阿富汗宣战，反恐战争也变成了北约对一个具体国家的战争，被称为阿富汗战争。现在打击“伊斯兰国”，还没有一个明确的定性，虽然奥巴马将“伊斯兰国”视为美国的三大威胁之一。名不正则言不顺，那么打击“伊斯兰国”到底是一场什么样的战争呢？是美国半心半意的一场反恐战争。但是“伊斯兰国”越来越具有国家的属性，在中东这个全球地缘政治的黑洞里面，美国不愿意再将军事力量投入其中，伊拉克战争已经让美国耗费万亿美元，但局势却没有变得更好，“伊斯兰国”作为美国十年反恐战争的副产品而出现，这是不是反恐战争的失败呢？如果是的话，那么美国不会将这场战争再定性为反恐战争。

这个恐怖组织有些恐怖

“伊斯兰国”，是个国家吗？它是跨越伊拉克和叙利亚两个国家的恐怖主义组织，连“基地”组织都指责它的野心太大了，吊诡的是，连美国都以“伊斯兰国”来称呼它。原本它只是“基地”组织在伊拉克的分支，但是很快坐大，尤其是在2014年迅速成为搅动中东格局的力量。美国空袭“伊斯兰国”就有了传统战争与非传统战争两种性质，它既包含了国家之间的战争，又包含着对叛乱组织的战争，而“伊斯兰国”既进行“游击战”一样的扩张，同时又在加强对控制区的管理。作为恐怖组织的“伊斯兰国”是非常强大和富有的，但是作为国家的“伊斯兰国”一出生就是个失败的“国家”。于美国而言，到底是打击和铲除作为恐怖组织的“伊斯兰国”，还是作为国家的“伊斯兰国”？如果是后者，那这是一场旷日持久的战争，而且前景不可预期。

现代恐怖主义从马其顿、保加利亚兴起，后来渗透到大叙利亚地区，那个时候，中东和北非的广大地区还在奥斯曼帝国的统治之下。一百年过去了，中东地区几乎成了恐怖主义的代名词。而“伊斯兰国”已经超越“基地”组织的影响力。“基地”组织并没有明确的建国宣言，虽然“基地”组织的分支在全球分布，但是它一直隐没于国际政治的幕后，“9·11”之后，“基地”组织还是躲藏在阿富汗塔利班政权的背后，并没有走到前台。反倒是“伊斯兰国”，不仅在众多“基地”组织的分支中脱颖而出，而且打出了建立“哈里发国家”的旗号，更有甚者，“伊斯兰国”将未来的地图都标示出来了，不仅包括现在的伊拉克、叙利亚，而且将曾经的奥斯曼帝国、波斯帝国的领土都纳入其中。其野心可以说“有图有真相”。

“伊斯兰国”仅仅是恐怖主义的新形式吗？不止于此，从更大的历史背景来看，“伊斯兰国”是中东千百年来教派纷争的继续——逊尼派与什叶派的冲突绵延不绝。美国推翻了萨达姆政权之后，伊拉克军队被解散，这些对美军不满的军人就有不少参加了“基地”组织的伊拉克分支。萨达姆之后的伊拉克陷入了逊尼派与什叶派的纷争之中，“伊斯兰国”的领导者是极端的逊尼派的代表，其残忍程度甚至让温和的逊尼派都感到不满。2007 年小布什在伊拉克增兵，加强了对伊拉克极端组织的打击力度，但后来美军全部撤出伊拉克，加上马利基政府能力有限，极端组织又开始复苏。

叙利亚局势恶化并陷入内战之中是“伊斯兰国”快速崛起的催化剂。罗伯特·卡普兰指出：“‘圣战’组织对叙利亚后勤供给了如指掌，因为要维持在伊拉克的‘圣战’，必须在叙利亚有完整的网络并设置安全庇护所。”伊拉克和叙利亚为“伊斯兰国”的发展提供了合适的土壤，在国家权力退却的地区，教会或者军队就会成为掌权者，“伊斯兰国”则汇聚了财富、暴力和意识形态等因素，在伊叙边境成为替代性的统治者。这也是“伊斯兰国”比较可怕的地方，它既有国家的属性，又带着反叛者与恐怖分子的基因。美军领衔的空袭行动迟滞了“伊斯兰国”在伊拉克和叙利亚的扩张速度，但连奥巴马也承认目前的战略只取得了稳定但缓慢的效果。什么时候能战胜“伊斯兰国”呢？2014 年时，奥巴马说三年，那个时候美国又有新总统了。

“伊斯兰国”占据了伊拉克和叙利亚不少油田，依靠黑市交易，日进百万美元，如果仅仅供养上万人的恐怖分子的话，那是绰绰有余的。“伊斯兰国”每天都有新财富进账，包括“伊斯兰国”使用的武器，就有很多是美军留给伊拉克军队的。随着控制范围的增加，“伊斯兰国”也需要建立常规的国家机器，日常费用就会不断增加，需要建立财政制度。一年几十亿美元的财政收入并不能满足一个国家的需求，这样来看“伊斯兰国”算不上富国。“伊斯兰国”在控制区实施一种统制经济，控制物价，向老人和孩子发福利，重新分配富人的财产。

“伊斯兰国”代表着一种新的意识形态，不仅是极端的伊斯兰主义，也是对西方主导的现代化模式的反叛。法国学者多米尼克·多伊西认为：“现在，所有的一切都改变了，敌人不仅来自文化和宗教领域，而且似乎还来自另一个时代，带着现代化之前的时代的历史和政治痕迹。”“伊斯兰国”似乎是“三代同堂”，前现代的宗教极端主义思想、现代化的武器和通信方式，以及后现代对个体身份的追求，因此，它吸引了不同地域、不同国家的人参与其中，需要一提的是，“伊斯兰国”的支持者不仅有中东当地人，还有来自发达国家的支持者，如果仅仅将其定性为恐怖主义分子，可能低估了“伊斯兰国”所带来的挑战。

“伊斯兰国”的出现挑战了既有的国际关系理论，以国家为中心的理论范式无法解释中东目前面临的问题，因为这个地区还没有建立起稳固的国家制度。而亨廷顿所提出的“文明冲突论”虽然受到追捧，但是“伊斯兰国”也不符合“文明断层线”的说法，断层线可以体现在地理空间上，但是“伊斯兰国”带来的是一个弥散的网络，敌我的分别已经非常模糊了。对于从欧美国家赶赴中东的几千支持者，到底如何划定“断层线”呢？有些人改信了伊斯兰教，并加入“伊斯兰国”，与其说这是文明的断层，不如说是认同的碎片化和社会的断层。在每个社会中都有失败者，也有反抗者，尤其是一些移民受到不公平的对待，因此萌发了一种反抗意识，“伊斯兰国”无疑提供了一种发泄情绪、洗脱屈辱的场所，也成了一种精神寄托。

“伊斯兰国”在某种程度上代表着一种社会发展过程中负能量的汇聚，

更全面的反恐战略应该包含社会发展战略。当下的反恐主要集中于将“伊斯兰国”关在中东，防止外溢，此乃治标，那治本之策呢？

中东局势犬牙交错

“伊斯兰国”兴起之后，美国的政策成为关键所在，要不要打击“伊斯兰国”，要不要出动地面部队，这些似乎成为“伊斯兰国”命运的关键。这只能说明一个问题，中东地区尚没有形成具有自主性的地区秩序，美国成为近代以来主导中东格局的唯一的域外力量。21世纪前十年，美国在大中东地区打了两场战争，耗费巨大，美国也厌倦了战争，希望从中东的泥潭中挣脱出来。“伊斯兰国”来了，美国再次被绊住了，没有美军的参与，中东地区尚没有哪种力量可以有效制衡“伊斯兰国”。这并不是说中东地区的大国不能遏制“伊斯兰国”的进攻，而是因为中东是一个大棋盘，每个国家都是棋子，缺少信任和共识，根本不会缔结反对“伊斯兰国”的同盟。

为什么“伊斯兰国”会出现在叙利亚和伊拉克呢？最直观的原因是这两个国家陷入了内乱之中。深究一下，为什么这两个国家会乱起来呢？有两个方面的原因：一是这两个国家都处在地缘政治的断裂带上；二是这两个国家都在进行政治制度的转型，缺少一种可以将各种势力统合到一起的整合能力。中东既有的地缘政治遗产加上时兴的互联网，使这一地区进一步被挤爆，各种矛盾集中在一起，再次成为地缘政治风暴区，而伊拉克和叙利亚正在这场风暴的中心。

先看看伊拉克吧。在2003年之前，伊拉克处在萨达姆的统治之下，给人一种完整国家的表象，但是再往前看，这个国家其实一直处于震荡之中。20世纪30年代，哈希姆家族统治伊拉克，1958年军事政变之后，伊拉克就处于暴力和动荡之中。再往前一点追溯，伊拉克并不是一个国家，而是奥斯曼帝国与波斯帝国之间拉锯的边疆地区，巴格达曾经是阿拔斯帝国的首都，等到蒙古帝国灭了阿拔斯帝国之后，巴格达迅速衰落。在奥斯曼帝国时期，逊尼派的巴格达、什叶派的巴士拉以及库尔德人掌控的摩苏尔，各据一方，套上主权国家的外衣之后，教派之间的利益纷争还是没有结束。作为少数派的逊尼派一直是政治权力的掌控者，少数人统治多数人的政治权力结构必然会造成强力弹压，并只能依靠军队，军事政变、镇压因此不断在伊拉克上演。

叙利亚处在欧洲与亚洲大陆的交汇处，地中海文化和伊斯兰文化在此交汇，失去黎巴嫩的叙利亚更加内向。叙利亚建国之后一直处于边缘状态，时而依附于埃及，时而又与伊拉克走得近，这与其历史上的地位严重不符。阿萨德家族统治也是少数阿拉维派对多数逊尼派的统治，2010 年开始的“阿拉伯之春”撬动了 20 世纪 70 年代在中东形成的威权政治的地壳，在这一轮风潮之中，只有叙利亚陷入了持久的内战之中，而叙利亚也成为中东地缘政治格局重组的关键。

围绕叙利亚问题，中东各国都被卷入其中，沙特等海湾君主国支持反对派，并且提供资金和武器，但是反对派鱼龙混杂，“基地”组织渗透其中，而“伊斯兰国”就是其分支之一。等“伊斯兰国”坐大之后，叙利亚已经陷入了混乱之中，今天的朋友，明天可能就是敌人，虽然美国带着几个海湾国家已经对叙利亚境内的“伊斯兰国”组织进行了空袭，但又该如何与巴沙尔·阿萨德相处呢？无论如何，巴沙尔还是叙利亚的法理上的领袖，没有经过巴沙尔的邀请就空袭，还是有些不妥，因此，法国就不同意参与对叙利亚的空袭。在犬牙交错的复杂环境中，首先要做出敌我判断，否则就是盲目蛮干了。美国希望支持温和的叙利亚反政府武装，但是谁是温和派呢？有些派别认为美国偏袒巴沙尔，只打“伊斯兰国”，不打巴沙尔，因此，有些人投奔到“伊斯兰国”一边去了。而同时袭击巴沙尔和“伊斯兰国”，美国既力不从心，也会遭到俄罗斯、伊朗等国的反对。奥巴马已经下令安全部门重新评估对叙利亚的政策，但即便重新评估了，奥巴马还是要自己来拿主意。

伊拉克和叙利亚是“伊斯兰国”的基地，但并不意味着其他中东国家是稳固的，海湾君主国依靠石油收入和美国的保护而保持了一种刚性稳定，北非的埃及、利比亚、突尼斯还在转型之中，也门可能成为“伊斯兰国”下一个目标。中东地区在过去的五百年之中，多半时间处于帝国边疆地带，帝国实施代理人统治，教派、部落等裂变性的组织维持着脆弱的秩序。二战之后，殖民帝国崩溃，中东开启了主权国家的新时代，遗憾的是，这种舶来品似乎不太适合中东。在 20 世纪 70 年代的政变潮中，中东多个地区建立了军人政权，在一个缺少国家传统的地区，主权国家成为裂变的催化剂。石油资源更加剧了大国对中东地区的争夺，而公民权利意识的觉醒给中东地区带来了新的变量，政治动员的力度已经超过了中东国家的制度能力，就像火车头后面挂着一辆牛车一样。

“伊斯兰国”的出现就是中东地区秩序畸变的结果，显然，反恐并不能解决中东的根本问题，那么出路在何处？没有人知道。或许只有时间才能慢慢平复中东地区的躁动，当年欧洲也是经过了一两百年的时间才建立起相对稳定的国家秩序。

孙兴杰

吉林大学公共外交学院副教授，历史学博士，经济学博士后，主持国家社科基金项目一项，发表学术论文数十篇。在《金融时报》中文网、《联合早报》、“腾讯·大家”等媒体发表评论文章上百万字。

中国—东南亚关系："钻石十年"商机无限

庄国土

东南亚人口众多，资源丰富，扼印度洋和太平洋间交通之要道，战略地位重要，近代以来一直是各海洋大国争斗要地。同时，东南亚或许也是世界上异质程度最大的区域之一，各国的宗教文化、民族、语言和历史、经济发展水平和政治体制等方面千差万别，甚至海域陆界的划分迄今仍纠纷不断。然而，20 世纪 90 年代以来，东南亚却在东盟的旗帜下成功整合，稳步向东盟共同体目标推进。

东南亚与中国山水相连，文化和血缘相通，双方有长期密切的政治、经济和文化联系，汉唐以降，两地商人、使臣往来络绎于途，是我国最重要的周边地区。西方殖民者东来以后，东南亚各国相继沦为殖民地和列强的势力范围，中国也成为半殖民地国家。二战以后，东南亚各国和中国先后独立，各自在维护主权独立和经济、文化发展过程中取得重大成就。20 世纪 70 年代以来举世瞩目的"东亚经济奇迹"，其核心内容之一就是东南亚和中国的崛起。

从敌对、共处、对话到伙伴：中国与东南亚关系发展脉络

中国与东南亚的关系可谓长期通家之好，间或冤家对头。历史上虽时有拔刀相向，但大体友好交往超过 2 000 年。二战以后，东南亚国家相继独立，致力于建构民族国家及摆脱前殖民宗主国和大国的控制与干预，但由于其战略地位重要，仍成为大国角逐的舞台。尤其是美国和苏联，利用其雄厚的经济、政治和军事实力渗入东南亚，东南亚各国的内政和外交无

不深受大国的影响。东南亚地区出现的各种大规模冲突，如越战、柬埔寨问题等，都在一定程度上反映了大国之间的利益冲突。

东南亚国家在与大国的周旋中，开始寻求区域性合作。1967 年成立的东盟，即是试图通过区域联盟的形式协调内部矛盾，抵御社会主义意识形态和增强抗衡大国的实力。此时的东盟五国，与新中国均无外交关系。在国际政治舞台上，东盟五国多追随美国对中国的遏制。1971 年，中国获得联合国安理会常任理事国席位，并于次年与美国签署相互承认的联合公报。中美关系的改善极大缓和了中国与东盟国家的对立关系。1974 年和 1975 年，中国先后与马来西亚、菲律宾和泰国建交。1990 年，中国与印尼恢复外交关系并与新加坡建交。至此，中国与东南亚所有国家实现了关系正常化，从敌对关系转变为和平共处关系。到 1999 年柬埔寨加入东盟后，东盟也成为涵盖东南亚所有国家的区域性合作组织。

1991 年，中国同东盟建立对话关系，标志着中国开始成为东盟的磋商伙伴。对话关系的建立体现了双方顺应时代潮流、探索区域合作的战略远见和勇气，开启了中国与东盟关系从共处到对话合作的重大转变。随着政治交往的不断加深，中国于 1996 年 3 月明确提出希望成为东盟全面对话国，这个倡议得到东盟各国的积极响应。同年 7 月，东盟外长一致同意中国为东盟的全面对话伙伴国。

1997 年的亚洲金融危机中，中国坚持人民币不贬值、向东盟国家提供力所能及的援助，积极参与东盟组织的多边机制，让东盟感受到中国作为负责任大国的善意，双方的政治互信关系自此建立。当年 12 月，中国参与了第一次东盟与中日韩（10＋3）领导人非正式会议和东盟—中国领导人会议。在这次峰会上，中国与东盟领导人签署《中华人民共和国与东盟国家首脑会晤联合声明》，确定了面向 21 世纪的双边睦邻互信伙伴关系。从此，中国与东盟从敌对、共处、对话发展为合作伙伴关系。

新世纪中国—东盟关系的发展

进入新世纪后，中国与东盟关系发生了划时代的变化。开启了由“利益共同体”迈向“命运共同体”的进程，其标志是 2002 年中国与东盟签订的两个里程碑式的协定。是年 11 月 4 日，中国与东盟签订《南海各方行为宣言》和《中国—东盟全面经济合作框架协议》。《南海各方行为宣言》强调通过友好协商和谈判，以和平方式解决南海争议，从根本上缓解了东盟相关国家对中国的最大疑虑，奠定了双方全面合作的政治基础。《中国—东盟全面经济合作框架协议》则确定了建设中国与东盟自由贸易区的目标：用十年的时间完成所有关税和非关税的削减，消除双方之间存在的关税及非关税壁垒；建立一个综合框架，包含市场一体化的一系列措施，如投资促进、贸易便利化以及和谐的贸易及投资规则与标准。中国—东盟自由贸易区的建设，开启了互利共赢的经济一体化进程，此后的中国—东盟合作进入黄金十年时期。2003 年，中国和东盟在巴厘岛签署《中国与东盟国家领导人联合宣言》，双方宣布建立"面向和平与繁荣的战略伙伴关系"。自此，中国成为东盟与外部建立的第一个自贸区，第一个与东盟建立战略伙伴关系的国家，第一个加入《东南亚友好合作条约》的国家。

中国—东盟互利共赢关系在双边经贸合作方面体现得淋漓尽致。到 2013 年，中国与东盟贸易额达 4 436 亿美元。其中，马来西亚与中国贸易额突破千亿美元，成为继日本、韩国之后第三个与中国双边贸易超千亿美元的亚洲国家。中国连续多年成为东盟第一大贸易伙伴，东盟则是中国第三大贸易伙伴、第四大出口市场和第二大进口来源地。双边相互投资不断扩大。中国与东盟双向累计投资总规模截至 2013 年近 1 200 亿美元。其中东盟国家对华投资总额超过 800 亿美元，中国对东盟国家投资总额近 400 亿美元。双方的文化和人员交流日益活跃。2013 年，中国首站访问东盟国家人数达 1 143 万，同比增长 29.8%。前来中国访问的东盟人数也超过 600 万。至 2013 年，中国到东盟的留学生超过 11 万人，东盟在中国的留学生也达 6.8 万人。

新世纪的中国与东盟关系，很大程度上受东盟一体化发展的影响。东盟成立的目标，首先是通过东南亚的区域联合，摆脱大国控制，进而主导亚太地区的合作框架。中国—东盟自由贸易区的建立固然使中国达到了"安邻"的目的，极大改善了中国在亚太国际关系格局中的地位，同时也使中国被纳入东盟主导的"10＋3"亚太合作框架，成为东盟平衡大国关系、主导亚太合作框架的成果之一。东南亚各国在 2003 年与日本签署在政治、经济和安全领域进行合作的《东京宣言》，与美国在反恐问题上展开对话和合作，都是在东盟框架下进行的。东盟给东南亚各国带来的政治、经济和安全利益，已让东南亚各国食髓知味，进一步强化了东盟意识。

2007年11月20日，东盟10国领导人在新加坡签署《东盟宪章》，确认在2015年建成以安全、经济和社会文化共同体为支柱的东盟共同体的目标，首先是在2015年建立单一经济区，逐步制定吸取外资、资源开放、税收等共同条例。这是东盟成立40年来第一份对各成员国具有普遍法律约束力的文件。2012年，在中国的支持下，东盟进一步提出"10+6"经贸合作框架——区域全面经济伙伴关系（RCEP），即由东盟10国发起，邀请中国、日本、韩国、澳大利亚、新西兰、印度共同参加，通过削减关税及非关税壁垒，建立16国统一市场的自由贸易协定。

南海争端：可控可消融的隐患

在中国与东盟关系存在的诸多问题中，最大的隐患莫过于近几年来被热炒的南海争端。笔者的看法是南海争端被过多关注和夸大。

首先，南海争端是殖民时期的遗留问题，并非东南亚国家独立以后与中国出现的新争端。当今国际社会中大量的边界划分和海域管辖争端，都是殖民时期的产物，如印度次大陆、中东、非洲等地区。越南的前宗主国法国对南海的一些岛屿提出主权要求，成为现在越南政府要求主权的主要法理依据。马来西亚和文莱的前宗主国英国、印尼的前宗主国荷兰等，并没有对其属地的海域及其相关岛屿有明确的管辖界定。这不但导致独立以后东南亚各国之间的边界纠纷，也使现在的当事国未能充分理解中国的历史主张。

其次，海域划分和相关岛屿归属也是国际社会普遍存在的问题，南海争端仅是其中之一。相关争端并非一定会发生激烈冲突。数十年来，除了英国和阿根廷之间的"马岛战争"外，数以百计的这类争端，或由当事国进行双边谈判（如泰国和马来西亚），或由国际法庭调解（如新加坡和马来西亚），或在谈判解决之前维持现有管辖现状（如日俄间的北方四岛），或将争议维持在和平层面（如日韩独岛之争），既没有全面危及双边关系，更没有引起大规模的武装冲突。中国与相关南海主权声索国可本着"搁置争议、共同开发"的原则，不必急于一时解决。

再次，现在的南海争端并不比以前更激烈。1988年以来，虽然南海岛屿归属与海域管辖权时起争议，但各方都保持克制态度，没有使矛盾激化，危及双边关系。相反，中国与南海争端的相关国家，如越南、菲律宾、马来西亚、文莱等国的友好关系在过去的20多年中有突飞猛进的发展。2013年以来，“南海行为准则”的协商也在中国与东盟之间进行。笔者相信，长期存在的南海争端并未阻止中国—东盟合作的“黄金十年”，在双边今后的深化合作中，南海争端将更加可控。

前景：渐入佳境的“钻石十年”

2013年10月，中国总理李克强在文莱发表了未来中国与东盟国家合作的“2+7”构想，强调在增强战略互信基础上的深化经济合作的具体领域，被称为中国—东盟合作的升级版。信心满满的李克强认为：既然中国和东盟已经完成“黄金十年”的合作，就有能力创造今后的“钻石十年”。同年，习近平总书记出访东盟时，提出21世纪海上丝绸之路的战略构想，并倡议筹建亚洲基础设施投资银行，向包括东盟国家在内的本地区发展中国家的基础设施建设提供资金支持，以促进本地区互联互通建设和经济一体化进程。该倡议得到东盟各国的热烈响应。截至2015年1月，东盟10国已全部成为亚投行的创始国。

新世纪的中国—东盟关系仍需防范风险。笔者认为，最大风险来自美国对本地区事务的干预。首先，美国以维护亚太安全为由，利用部分东盟国家对中国飞速崛起的担心，夸大“中国威胁论”，诱导这些国家寻求美国的安全保护，尤其是利用南海争端离间中国与东盟的政治互信。其次，美国试图拉拢东盟国家加入排斥中国的《跨太平洋伙伴关系协定》，阻碍东亚经贸合作框架的形成。然而，诚如李克强总理所言，中国东盟是天然的合作伙伴，发展目标相似，双方加强合作必将激发巨大的能量。只要中国能真正坚持2013年10月习近平总书记在周边外交工作座谈会上提出的“坚持与邻为善、以邻为伴，坚持睦邻、安邻、富邻，突出体现亲、诚、惠、容的理念”，尤其是防范南海争端的升温，中国与东盟的“钻石十年”前景就十分明确，毕竟中国与东南亚的“利益与命运共同体”态势已难以逆转。

庄国土

厦门大学特聘教授，历史学、政治学博士生导师，华侨大学讲座教授。中国著名国际关系、海洋发展、东南亚和华侨华人研究学者，国家“985 工程”哲学社会科学创新基地东南亚研究中心首席专家，该中心马来西亚研究所所长。曾在荷兰、意大利、美国、日本、马来西亚、中国香港、中国台湾等国家和地区的知名大学担任聘任和客座教授。2001 年以来，在国内外重要学术刊物发表中、英、日文论文近 80 篇，出版专著 5 部，获得国家和省部级以上奖项 16 项，包括一等奖 4 项。承担包括国家社科基金重大项目、教育部重大委托项目等省部级以上重点研究项目和国际学术基金项目 16 项。

宗法制社会里的血缘政治与家族腐败

庄礼伟

在东南亚的许多发展中国家，领导人或官员们的贪腐行为往往具有家族化特征，即无论他们的亲属是官是商，都卷入了资源垄断、权钱交易等贪腐活动并积聚起巨额财富，处在权力顶端的家族往往富可敌国，印尼的苏哈托家族、菲律宾的马科斯家族是其中最恶名昭著的案例。

为什么会出现这种情况？从社会层面来看，这是宗法制社会（patriarchal society）的必然产物；从政治层面来看，这是血缘政治（clan politics，或译为家族政治、宗族政治、宗亲政治）的伴生物。

宗法制社会与恩庇—侍从关系

宗法制社会是东南亚传统农业社会的一个重要特征，它从氏族社会的父系家长制演变而来，在一些东南亚国家曾普遍存在。关于宗法，姚伟钧认为："宗"就是"尊"，就是在同族中尊一人为主，其余的人则服从他；族则是所有有血缘关系的人，强调的是一种亲疏关系。这种区别主从关系的"宗"，世代相传，有一定法则，这就是所谓的"宗法"。[①]

这种社会关系后来上升为政治制度，发展到整个国家按血缘亲疏关系、按父权制之下的主从关系来分配政治经济资源，从而体现出一种家国同构的特色——家庭、家族、国家都奉行同一套等级制权力秩序，家长、族长、皇帝在这三个层面上分别是单一的权威。

宗法制也是一种伦理化的社会—政治制度，它强调的是位阶低者对位

① 参见姚伟钧：《宗法制度的兴亡及其对中国社会的影响》，载《华中师范大学学报（人文社会科学版）》，2002（3）。

阶高者的无条件尊敬，以及位阶高者对位阶低者的关怀垂爱。这种制度在当今东南亚的一些发展中国家中仍然存在，它体现为一种恩庇—侍从(patron-client,或译恩主—仆从、庇护—附庸）关系，具有极强的迷惑性，通过其中的“恩庇”“友爱”，模糊了事实上存在的阶级、等级关系，并使感恩戴德的位阶低者认可政治上的威权主义体制，乃至默认位阶高者的腐败豪奢生活和将公权力的私有化。在恩庇—侍从关系之下，侍从者除了恩主家族之外没有其他的效忠对象。

这种体制之所以能够存在，除了传统文化的影响之外，更重要的原因是侍从者在经济上的依附性。侍从者事实上是被剥削者，但他们容易满足于低水平的生存质量，只要恩主施予少量恩惠，他们往往就会感激涕零，漾起了一种被垂爱、被保护的感恩心态，继而有了愿意为保护恩主和恩主家里的“少主”（儿子或女儿）而奋不顾身的凛然大义。

这些侍从者往往会把国家政治伦理化，认可恩主家族对国家的统治。事实上，恩主家族对土地、权力、商业机会的霸占，就是在损害侍从者的权益。但可悲的是侍从者还没有意识到可以通过生产关系上的革命来改变自己的命运，他们满足于从恩主阶层那里滴漏的一些小恩小惠，形成了一种东方式的“斯德哥尔摩综合征”。在恩庇—侍从关系中固然存在一定程度的互利关系，但这并不是一种平等的互利关系，在人格上、利益上都很不平等。

恩主阶层聪明地利用漂亮的意识形态言辞、民粹主义式的许诺、个人/家族崇拜等来巩固事实上的经济剥削制度和人身控制制度。

在恩庇—侍从体系中，还有少数比较接近恩主地位的人，他们不是恩主家族成员（血亲和姻亲成员），但属于恩主的朋党、密友，是恩主控制以他为“宗”为“尊”的恩庇—侍从体系（可以是一个地方、一个省，也可以是一个政府部门，还可以是一个国家，它们都可以成为一个“宗族”地盘）的得力助手，这些朋党、密友也可以成为大恩主之下的小恩主。

在泰国，恩主可以是地方行政长官、大地主，也可以是铁道部或农业部的部长，可以是总理，也可以是政党领袖或者大资本家。在菲律宾存在着许多地方宗族首领，他们是地方上的恩主，也是更大的恩主在地方上的固票桩脚和利益代理人。菲律宾的国家政治具有强烈的地方性、宗族性，阿基诺夫人家族、阿罗约夫人家族和马科斯家族都是顶级恩主家族，这些家族盛产总统、参议员、部长、省长，因为它们都拥有大量的感恩戴德、忠心耿耿的侍从者。在巴基斯坦，国家的经济命脉被众多政治家族控制和分割。在印尼，苏加诺、苏哈托这两位总统都来自顶级政治家族，在他们当政的年代，他们都担当了顶级恩主的角色。

在这种法治意识和社会公平意识都很淡薄的恩庇—侍从体系之下，自然就容易产生权力家族化现象和腐败家族化现象。

血缘政治与腐败家族化现象

血缘政治（或家族政治、宗族政治）是导致家族化腐败的重要原因。权力集中的地方自然容易产生腐败，权力为家族所垄断，自然就容易产生家族化腐败。处在各种权力等级上的领导人作为恩主，首要的施恩对象是自己家庭的核心成员，包括父母、妻子、兄弟姐妹、儿子、女儿、孙子、孙女等，恩主的嫡亲子孙的配偶、妻子的直系亲属、恩主兄弟姐妹的直系亲属等一般属于第二圈层，其他的血亲、姻亲属于第三圈层。

如前所述，宗族是以父权制和血缘关系远近为基础来构建秩序的，姻亲部分地参与了这个基于血缘的权力体系，在中国历史上，皇室的外戚往往也有机会跻身于顶级恩主、顶级权贵行列，但他们的这种地位并不稳定，父权、嫡亲因素在政治伦理秩序上仍然要高于外戚因素。

恩主施恩于自己的直系亲属（第一圈层），这与传统的财产私有制理念有关，财产权是沿着血缘垂直向下传递的，血缘关系一旦形成就无法改变，是唯一不会改变的社会关系，因而是珍贵的和至上的。此外，恩主也需要甜蜜温馨的家庭生活，即便他对国民严苛、残酷，也乐于在家庭内担任一位慈祥的、柔和的家长，当然他所谓的慈祥，就是把大量的腐败机会（无论是从政还是经商）施予自己的嫡亲子女。非血缘关系的妻子和地位较高的情妇也属于这一圈层，但这终究属于可以改变的社会关系。

血缘建构了财产传承体系、利益分享体系、情感分享体系。可以把家族化的腐败视为恩主家庭内一种情感传承、情感连接过程，当然这是以大多数民众的利益被侵害为代价的。

血缘还建构了高度的忠诚—信任体系，其原因当然还是由于它是唯一一旦形成就不会改变的社会关系，因此父为子隐，子为父隐，都可以被认为是“直在其中”。直系亲人之间不仅是利益共同体，也是情感共同体，紧密的情感关系和利益分享关系决定了他们不容易相互背叛，特别是当恩主家庭遭遇危机时，他们更会团结一心抵御外敌，因为他们的命运就是一荣俱荣，一损俱损。当卡扎菲遭遇政权危机时，他能够信任的、能够依赖的，还是他的子女们，包括那位一度被认为与西方关系良好、有可能在利比亚领导一场温和改革运动的次子赛义夫（他被内定为卡扎菲的接班人），最后和卡扎菲一起逃难并一同死去的则是他的第五个儿子穆西塔姆（他是其父的国家安全顾问，拥有利比亚最高的军衔——上校）。卡扎菲的女儿阿依莎在其父死后不断为父亲鸣冤，并有可能成为卡扎菲家族东山再起的一面旗帜，在恩庇—侍从文化下，她有可能成为新的恩主并收编她父亲的侍从者。

在东南亚的发展中国家，恩主的子女承袭父亲主导的恩庇—侍从体系是屡见不鲜的事，特别是那些遭受“政治迫害”的顶级恩主的女儿们，上演了不少领导家族复兴的亚洲式政治戏剧，如印尼前总统苏加诺的女儿梅加瓦蒂、巴基斯坦前总理布托的女儿贝·布托、斯里兰卡前总理班达拉奈克夫妇（夫妇都做过总理）的女儿库马拉通加夫人，她们长大后都承袭了父亲或母亲的职业和职位。在恩庇—侍从文化下，大众很容易把对老恩主的支持转化为对其子女的同情，对老恩主的女儿尤其同情，因为她被视为弱者。选择老恩主的“弱女”担任国家领导人，这不是选贤任能的现代政治，而是伦理化的前现代政治。然而正是这种伦理化的人身依附、政治追随关系，助长了恩主家族的贪腐风气。巴基斯坦的贝·布托遇刺身亡后，她的贪腐丑闻缠身的丈夫借助民众对其妻子的同情当选为总理。在菲律宾，前总统马卡帕加尔的女儿阿罗约夫人当选总统后，也陷入贪腐丑闻并在卸任后受到司法追究。

东南亚在权力垄断和家族贪腐两方面都创纪录的政治家族有印尼的苏哈托家族和菲律宾的马科斯家族。国际反贪组织“透明国际”2004 年公布的全球 10 大腐败领导人中，苏哈托名列榜首，马科斯排名第二。他们的共同特点是扶植家族成员（各个圈层的）从政和经商，构成便利的、庞大的权钱交易网络，特别是利用权力给予家族成员种种垄断利润，同时也纵容家族成员收受巨额贿赂。“第一家庭”的大肆贪腐造成广泛的上行下效，乃至蔓延到普通民众，只要手中有一点管理权，一些民众（如警察、税务人员、政府窗口办事人员等）就可能会索贿和贪污，从而使贪腐成为全社会的文化。

当苏哈托、马科斯已成为历史，哈萨克斯坦的家族政治、家族化贪腐现象成为国际新闻界和学术界一个新的热门话题。该国普遍存在的制度的不透明性、法律的不确定性、政令的随意性、权力体系的血缘化朋党化等其实有着一个共同的目的，就是保护政治家族的既得利益。[①]如前所述，基于血缘关系的忠诚度、信任度一般比基于非血缘关系的要高，所以该国近年发生过“第一家庭”的女婿反叛事件。这说明家族政治不仅不能在权贵与民众之间做到公平，在权贵集团内部也难以一碗水端平，利比亚的卡扎菲在内战发生后不久就遭到众多官员、将领的背叛，原因在于“第一家庭”总是比其他统治集团成员要捞得多。

为了维护家族利益，贪腐的领导人往往还拒绝有利于国计民生的改革。例如在1997年东亚金融危机发生后，国际货币基金组织在对印尼的援助条款中要求印尼必须废除家族垄断，必须提高国家财政的透明度，这些条款遭到了苏哈托的拒绝，理由是“不符合印尼的宪法精神”。当然，贪腐的领导人也常常会搞一些亲民表演，如菲律宾的马科斯夫妇常常会在大选前到乡村或城市贫民窟访贫问苦，带去一些小恩小惠。又如，苏哈托对外宣称他月薪不到2 000美元。

家族政治还造成了社会阶层的固化，阻塞了底层精英向上流动的通道。权力和商业机会被大大小小的政治家族及其朋党密友瓜分，给普通百姓的所剩无几。家族政治依靠传统的恩庇—侍从制度和强人高压政策得以生存，但它们对社会公平的严重破坏注定了它们或早或迟都将面临不体面的下场。

---

① 参见J. 库兹涅尔、孙溯源：《哈萨克斯坦石油精英及其对能源政策的影响》，载《俄罗斯研究》，2012（1）；Edward Schatz，*Modern Clan Politics*：*The Power of* “*Blood*” *in Kazakhstan and Beyond*，Seattle，University of Washington Press，2013。

庄礼伟

暨南大学国际关系学院教授、博士生导师，暨南大学东南亚研究所所长；广东人文学会副会长，时事评论人。主要研究领域包括：国际政治学，比较政治学。

中亚安全形势分析：亮点与拐点

潘志平

在 2013 年 9 月新疆大学第二届中亚发展论坛上，笔者提出：2010 年以来，中亚地缘政治局势可用以下关键词概括：平稳、平淡、乏味、沉闷。也就是说，既没有发生特别喜人之事，也没有发生惊天动地的坏事。经过 20 多年的民族国家建设，中亚国家的治理已相对成熟，社会矛盾也不是特别尖锐。

总的来看，中亚地区的安全局势还可以说是：平淡，同时暗流涌动依然。笔者认为，还不必为平稳、平淡窃喜，应注意到股股暗流：首先是中亚周边不大安静，如以美国为首的北约驻军撤出阿富汗，极端的“伊斯兰国”(ISIS) 异军崛起，俄罗斯与美国、北约和欧盟关系因为乌兰克问题而降至冰点；中亚内部的问题是哈萨克斯坦、乌兹别克斯坦权力更替前夕暗斗频繁，吉尔吉斯斯坦、塔吉克斯坦面对极端势力愈来愈大的压力，毒品走私犯罪有所发展，水资源纠纷令人不安地政治化，等等。

亮点！

2013 年，中国国家主席习近平在哈萨克斯坦纳扎尔巴耶夫大学提出共建“丝绸之路经济带”，引起相关国家的重视和热议。无论从什么角度看，中亚都是习主席提出的“丝绸之路经济带”绕不开的枢纽地带，中国与中亚国家的官员和学者对此都有不同层次的讨论。记得 2013 年年底北京召开的“丝绸之路经济带”国际学术研讨会上，俄罗斯学者提出：要避免用“中国梦”“绑架”他国。此话说得很客气，实际上体现了外界的，特别是俄罗斯方面的一些疑虑。

2014年2月，国家主席习近平在索契冬奥会上会见俄罗斯总统普京。普京表示：俄方积极响应中方建设“丝绸之路经济带”和“21世纪海上丝绸之路”的倡议，愿将俄方跨欧亚铁路与“一带一路”对接，创造出更大效益。此后，俄罗斯学术和实际工作部门重量级人物亚库宁、奥西波夫和萨多夫尼契提出“跨欧亚发展带”(Транс-Евразийский пояс развития)的构想。俄罗斯信息分析中心网站2014年5月26日的文章就此评论说：“自开始全方位合作以来，莫斯科和北京还从未如此接近建立战略联盟。俄罗斯希望得到中国的投资，中国希望得到俄罗斯的资源。中国与俄罗斯紧密合作，打造独特的欧亚‘经济脊梁’，这有望催生新的地区安全体系，将使美国不再觉得自己是可随意发动革命和内战的地区霸主。”2014年7月，上海国际问题研究院与“文明对话——世界公众论坛”合办的“加强中俄经济合作 实现丝绸之路经济带与跨欧亚发展带的有效对接国际研讨会”在上海举行。中俄最重要的智库代表人物，包括俄罗斯铁路总公司总裁亚库宁出席会议，初步探讨了中俄两“带”之对接的意义及必要性、可行性。笔者感到，俄罗斯的这个“发展带”与中国的“经济带”，所划出的地域大体吻合；所倡议的内容，包括铁路、公路、航空、油气管道、电力、通信网络以及金融信贷的互通互联，也高度吻合。因此有理由相信，中俄的这两条“带”是完全可以对接的。问题是，中国的“丝绸之路经济带”是由国家主席在各种场合下一再强调的，表明它已成为中国国家发展战略的重要内容。而俄罗斯的“跨欧亚发展带”还处于学术和实际工作部门的讨论之中。也就是说，只有当“跨欧亚发展带”如同中国的“丝绸之路经济带”一样，成为俄罗斯国家发展战略，这两个“带”的对接才能进入实质性讨论研究阶段。

总之，在可预见的中俄关系愈来愈好的发展趋势下，加强中俄经济合作，前景广阔；中俄的“丝绸之路经济带”“跨欧亚发展带”的对接，前景亦广阔。正处于中俄的两个“带”之枢纽的中亚国家，可以从中俄友好合作的过程中获利，则是毋庸置疑的。中俄两“带”若能有效对接，政治经济的深入合作必然有利于地区安全，因此，基于中亚安全形势的研判，这应是好的“亮点”！

拐点？

其一，美军撤出阿富汗？奥巴马政府早已宣布“美军、北约部队将于2014年撤出阿富汗”，这可能要出点事，或者说，或多或少是个节点，可能是中亚地缘政治发展的拐点。美军撤出阿富汗本身就有诸多问题。问题之一是，如何撤？是全撤，还是留尾巴，如留尾巴，留多长？问题之二是，撤军路线是什么？有情况表明，美军将取道吉尔吉斯斯坦、哈萨克斯坦，其间比什凯克至阿拉木图，将沿伊塞克湖南岸，向东接近中吉哈边境的崇山峻岭，通过之前苏联的边境军事基地。这里的问题是，为何舍近求远？问题之三是，阿富汗政府军与塔利班孰赢？目前阿富汗政府军差不多已足额，武器装备优良，但士气不高，在美军离去之后能否在军事上压住塔利班，还是个问题。

其二，恐怖主义和极端主义蔓延？中亚国家独立以来不断受到恐怖主义和极端主义的威胁：伊斯兰复兴党、瓦哈比派、“乌兹别克斯坦伊斯兰运动”、“伊斯兰解放党”、“哈里发战士”等。据加拿大专家罗津斯基，2014年有4 000多名来自哈萨克斯坦、吉尔吉斯斯坦、乌兹别克斯坦和塔吉克斯坦武装分子为恐怖组织“伊斯兰国”作战，这些人员可能返回他们自己的国家，带来安全方面的严重问题。4 000人是一个严峻的数字，并可能继续增长，“伊斯兰国”的意识形态呈蔓延之势。2014年之后的问题是，恐怖主义和极端主义是否将蔓延。在笔者看来，有来自两个方向的蔓延：一是如果阿富汗局势不急剧恶化，源于阿富汗的恐怖势力不外溢，中亚的局势还是可控的。另外，笔者以为，阿塔（阿富汗塔利班）不同于巴塔（巴基斯坦塔利班），不能认定为恐怖组织。阿塔意识形态上保守，也较极端，并且是一个松散的组织，内部有极端的，也有温和的。美国和北约撤军后，较坏的可能是内战再度激烈爆发，整个国家和地区陷入新的大规模动乱，而接下去就是恐怖主义和极端主义外溢、蔓延。二是来自极端的“伊斯兰国”的外溢，现在看来，这个方向的恐怖外溢难以避免，正如罗津斯基所指出的，“‘基地’组织具有排他性，而‘伊斯兰国’则邀请所有人参加”，一旦这些训练有素、经过实战洗礼且被洗脑的极端分子试图将“圣战”引入自己的祖国，他们混入人群之后很难被辨认出来。在这一点上看，“伊斯兰国”更具威胁。问题是国际社会反恐合作能够将这个外溢控制在什么程度。

其三，美国“新丝绸之路愿景”? 2005年美国有个“大中亚伙伴计划”，无疾而终。2011年希拉里·克林顿提出“新丝绸之路愿景”。如果前者是1.0版，那么后者是2.0版。如果说前者政治意图过于明显，那么后者则富于历史文化色彩的包装。但问题是，丝绸之路本是东西走向的大道，而此“愿景”却是南北方向的“横插一杠”？其意不外乎将中亚往南拉，以纳入美国的势力范围。无论是“计划”，还是“愿景”，都缺乏可操作平台（不如中俄等国的上海合作组织，更不如俄罗斯的独联体、集安条约组织和关税同盟以及欧亚经济同盟），最终可能是美方的一厢情愿。美国还是意在亚太再平衡，似有从中东脱身的意愿，至于中亚方向就更难有进一步考虑。少些美国因素，中亚国家多少也可松口气。

其四，俄罗斯因素? 这本就是左右中亚地区政局的最重要因素，在非常之时可能非常敏感。2014年，随着乌克兰局势急剧恶化，克里米亚问题激起了冷战后最严峻的西方与俄罗斯的对抗。尽管乌克兰、克里米亚与中亚有相当距离，但还是有可能引发中亚地缘政治的动荡，其中首当其冲的是与俄罗斯有漫长边界的哈萨克斯坦，而且哈萨克斯坦北部有大量的俄罗斯民族和俄语居民。另一值得注意的是，俄罗斯主导的欧亚经济联盟，在关税同盟运作的基础上于2015年1月1日正式运行，这是俄罗斯致力于独联体一体化的重大步骤，目前看来，这个一体化步伐还是比较扎实的，但前面的路还很长。

其五，地区内部问题。 其中主要有五大问题。

一是政治体制转型。目前看来，中亚国家向往民主和世俗基本态势已成，不大可能逆转。今后的问题可能是：两位伟大的总统纳扎尔巴耶夫和卡里莫夫都年事已以高，会不会发生权力交替？以何种方式——是普京方式，还是尼亚佐夫方式，抑或是其他什么方式？谁也说不清。

二是民族宗教冲突。2010年吉尔吉斯斯坦南部奥什、贾拉拉巴德发生的严重的种族冲突，眼下看似尚平静，但明天再度爆发，也不会令人惊奇。如吉尔吉斯斯坦政治学家巴克塔耶夫指出，随便一个因素都可能引爆吉尔吉斯斯坦的新一轮骚乱大潮，例如，夏季干旱导致从牧场返回的牲畜瘦弱不堪，可能会引发瘟疫，到冬季降临时牲畜或将大批死亡，或者冬季将面临“能源匮乏”，这一切都可能引发波及整个中亚的爆炸。

三是宗教组织及活动管理。哈萨克斯坦2011年修订了《宗教组织与宗教活动管理法》，可圈可点，后继效果尚待观察；吉尔吉斯斯坦防务委员会于 2014 年 11 月也批准了《2014—2020 年宗教政策新构想》试图通过国家加强宗教事务管理，以遏制极端宗教势力。

四是水资源纠纷、生态危机。上游国家(塔吉克斯坦、吉尔吉斯斯坦)与下游国家（乌兹别克斯坦、哈萨克斯坦）为各自的利益考虑，相互协商切实解决的前景，不甚明朗。

五是毒品犯罪。有消息说，2014 年阿富汗毒品生产又是一次创纪录丰收，跨国贩毒愈演愈烈。目前中亚国家有禁毒合作的意愿，但能否扎实实行，还有待观察。

潘志平

新疆社会科学研究院中亚研究所原所长，新疆大学天山学者特聘教授、博士生导师，享受国务院政府特殊津贴专家，出版《中亚浩罕国与清代新疆》《民族自决还是民族分裂：民族和当代民族分立主义》等 14 部学术专著。

中欧新型关系："新贵"与"老宿"能否同行

陈 冰

当法国的《沙尔利周刊》遭到恐怖袭击、欧洲及世界各地的领导人手挽手捍卫言论自由时，中国的评论者在呼吁"自由的限度"，一些未曾切身体验过欧洲文化的论者更是大胆宣称，"欧洲多元文化宣告失败"。

《沙尔利周刊》的"幸存者版"再出街、法国总统奥朗德高声发表宣言"你可以屠杀男女但杀不了他们的思想"时，中国人都情不自禁地捏把汗，认为欧洲人真傻，"这不是帮助恐怖分子扣动扳机吗?"

欧洲也在观望中国的麻烦。面对2014年连续几十天的香港"占中运动"，中国内地表现出没有犹豫的强硬姿态，欧洲的政要和学者虽然对"香港愤青"的冲动表示同情，但从来没有表达支持立场，也没有在背后捣鬼，除了英国的议员和"末代港督"的沽名钓誉。

欧洲的评论者更多地提醒香港人明白"占中"的弊端：有可能"拖累"香港经济，对零售业和旅游业造成破坏性的直接后果；中国内地不再像以往那样需要香港，"占中者"不要自以为是；应该在香港基本法的框架下寻找妥协空间，民主不是一蹴而就的。

中国人的心直口快有某种"新贵"的骄傲，但内心向善，希望欧洲平安；欧洲人的老谋深算有某种"老宿"的狡黠，但账目清晰，希望中国继续成为世界经济的引擎。这两件事生动地反映着"新贵"和"老宿"的关系：有价值观上的分歧，但能够彼此平等对待；对各自的优劣理解颇深，但彼此在相向而行；有相互利用的成分，但都认同中欧是地位等同的"两大力量""两大市场"和"两大文明"。

中欧关系很特殊，不同于欧美，也不同于中俄，更不同于中美。相比穿连裆裤的美英特殊关系，中欧是一种"新型特殊关系"。按照中国的解释，中欧“新型特殊关系”是以和平、增长、改革、文明四大伙伴为支柱的互利共赢的全面战略伙伴关系。按照欧洲的归纳，中欧“新型特殊关系”是欧盟在“无条件接触”中国的基础上，促使中国成为更好的伙伴和更好的全球公民。在对这一概念的不同解释上，也可看出“新贵”与“老宿”的不同取舍。

“新贵”和“老宿”，是针对现代国家治理和市场经济体系而言的。欧洲是民主政治体制和市场经济体制的发源地，已有数百年历史，算是“老宿”；中国实施开放改革，推行市场经济，快速走上世界舞台，不过 30 多年历程，可谓“新贵”。中欧有代沟，有冷遇，但没有走向对抗和制衡，在不冷不热的对视中低调地建构着“新型特殊关系”。

中欧“新型特殊关系”从何而来，又将到何处去？

为说“不”而建立特殊联系

冷战结束后，中欧关系进入“历史最好时期”。1992 年，中欧恢复关系；1994 年，中欧展开双边政治对话；1995 年，中欧展开人权对话；1996 年，欧盟强调对华政策坚持全面、独立和长期原则，进一步促进双方在经贸、科技、发展援助等领域内的交流与合作；1998 年，欧盟表示要把欧中关系提高到与欧美、欧日同等水平上，支持中国加入世界贸易组织；2001 年，欧盟提出了具体务实的中欧中短期目标及行动要点；2003 年，中欧宣布建立“完全自主性”的全面战略伙伴关系。

20 世纪 90 年代的中欧关系，“老宿”欧洲发挥着引领作用。那时的欧洲，还把中国看做力争跨入世界舞台的实习生，充满活力，比较谦逊，是有培养前途的创业者。另一方面，欧盟在快速扩大，欧洲统一货币（即欧元）在加快形成，欧洲走出美国翼护的信心爆棚，致力于成为多元世界的一极，与美国平起平坐。老辣的欧洲与中国拉近关系，完全自主地同中国交往，会提高自己的身价，对美国和俄罗斯说“不”。还有，中国确立市场经济道路，积极加入世贸组织，在欧洲人看来是走“正道”。他们坚信中国一旦走上市场经济道路，接下来就会坚定地走民主政治道路。

这段时间，欧洲大陆的社会民主思想及其制度，在中国学术界也很吃香，相关著作和论文可谓汗牛充栋，北欧更被视为社会主义制度的典型代表。经济制度的趋同，促使中国人从欧洲获得政治制度创新的资源，进而在文化上相互借鉴。公民社会、法治意识、思想市场、国际惯例等概念，在中国飞奔。

笔者那时从活跃的中国转移到整合的欧洲游学，感受到欧洲人对中国的好感和期许。1996 年年初刚到英国，每周能看到一篇关于中国的报道就很享受，而到了 2000 年后，每天都能看到有关中国的报道；刚到英国，很少看到“中国制造”的商品出售，而到了世纪之交，商场里的“中国制造”到处都是，包括中国的绿茶都进了超市；刚到英国，见到的中国同胞多是辛苦读研的“洋插队”者，而到了 21 世纪初，中国企业进入欧洲，华为欧洲总部就在不远处；到欧洲留学的学生成群结队，开着豪车读中学、大学本科的大有人在。

中欧新型特殊关系的成果，最能从双边贸易额的增长上体现，每年 30％的增速改变着世界经济格局。到了 2004 年，欧盟已成为中国第一大贸易伙伴，中国则跃升为欧盟第二大贸易伙伴。2007 年以后，欧洲成为中国出口的最大市场，同时也是中国最大、最重要的高新技术来源地。

更深刻的变化还表现在政治上，美英开打伊拉克战争前，“老欧洲”居然和美国翻脸，德国、法国、俄罗斯和中国站在一起，反对无厘头的美国反恐战争，抨击美国独步天下的单边主义政策。这种情形，表明原有世界格局已经发生重大变化，意识形态已不成为世界重新组合的障碍。

从草根到精英的质疑

中国的快速发展，尤其是“中国制造”的满园春色，超出了欧洲人的想象，也让他们感到某种恐惧。最先感知到的是草根阶层，他们感受到了“来自中国的威胁”。接着便是学术界及政界的质疑，甚至给“全面战略伙伴关系”打上问号。

转折点是 2005 年的《欧盟宪法条约》公决。2 月份在西班牙公决中得以通过，5、6 月在法国和荷兰公决中却被否决。在对欧盟宪法的全民辩论中，“中国威胁说”是副产品，愈演愈烈。无论反对还是支持欧盟宪法的人，都把“来自中国的威胁”作为明确的问题来讨论，只是给出的对策不同。反对的人说，欧盟正由那些“自由派”精英们主导，如果欧盟宪法通过，他们会走得更远，法国的纺织业及其他劳动密集型产业就更难抵挡中国产品的“洪流”，大批工人面临失业。支持的人则说，只有更紧密地团结起来，欧盟才能够抵挡“中国的威胁”。

“中国的威胁”是指那些廉价的日用商品。意大利右翼政治家把欧洲经济衰退的原因，归咎于“像地中海一样包围我们的中国产品”。意大利制鞋商更是抱怨“中国鞋”不仅踩遍了欧洲市场，而且把意大利人的工作机会给踩没了。英国的小业主们认为，大型超市里“中国制造”的日用品在迅速占据货架，把很多小店铺挤出街道。在欧洲具有很大号召力的环保主义者，也加入“中国威胁说”合唱团。他们说中国在消耗世界大约10%的资源，会给全球环境带来威胁。在世界污染最严重的20个城市中，中国就占了16个。

皮尤全球行为调查项目显示，欧盟内部比较重要的德、法、英、波、西五国公众对华的好感比例，从2005年到2010年呈下降趋势，从多数变成少数。就“欧盟三巨头”德、法、英而言，2005年对中国的好感分别是46%、58%、65%，到2010年下降到30%、41%、46%。

这与中欧贸易发生大逆转有直接关系。进入新世纪前，欧盟对华贸易是盈余；2000年后欧盟对华贸易变成赤字，由2000年的490亿欧元增至2008年的1 690亿欧元。“新贵”的勃勃生机是“老宿”所没料到的，于是伴随“中国威胁说”演绎出不少与欧洲文明不相称的荒诞事：西班牙的中国鞋店被砸，法国媒体热炒中国女留学生工业间谍案，部分欧洲评论家给中国打上了“一个擅长抄袭的国家”的标签。2005年，欧盟积极推动的取消对华军售禁令，也偃旗息鼓，至今未松动，成为制约中国的一把锁。

进入2006年，中欧特殊关系遭遇强寒潮。欧盟委员会发布对华新政策文件，要求中国承担更多责任。欧盟对待中国的语气和方式都发生了变化，其中夹杂着失望和不满，并明确提出了对中国的一系列不乏苛刻的要求，概言之就是要中国承担起更多的国际经济政治乃至环境责任。中国后来越来越多地自称“负责任的大国”，根源在此。

欧盟开始改变对中国的态度，明显较以往更多地强调维护自身经济利益，在贸易谈判中有意提高谈判门槛，“商品、服务与投资条件的市场准入，知识产权保护，公共采购市场的开放，出口补贴领域的严格监管，以及关于汇率政策的对话”成为讨价还价的筹码，并频繁对中国出口产品实行反倾销调查，为中国经济的发展设置种种障碍；在政治上，则频频拿

“人权”和“宗教自由”说事、找茬，向中国政府施加压力。

从2009年起，欧洲的知识精英公开质疑中欧全面战略伙伴关系。其中最典型的是德国外交政策协会研究所所长埃伯哈德·桑德施奈德教授的观点，他认为战略性伙伴关系应当建立在一个对基本价值、利益和特殊情况下采取行动具有共同理念的基础之上，因而，只有跨大西洋关系符合战略性伙伴关系的标准。中国太大，加上欧盟太多头多面，因而双方不可能简单地宣示为“战略性伙伴关系”。比利时布鲁塞尔欧洲政策研究中心主任之一斯坦利·克劳希克认为，目前的中欧关系既不是战略性的，也不是伙伴关系，即使签署一个“伙伴关系与合作协定”也不会改变这一现实。在欧洲的学术界，蔓延着一种中欧关系“既无战略也非伙伴”的质疑声。

欧洲的“变脸”与国际形势的变化有关。随着2005年小布什第二任期的开始，他重返多边主义外交政策，更加重视与传统盟友的关系。2005年德国总理默克尔上台，2007年萨科齐取代希拉克成为法国总统，英国与美国本来是铁打的特殊关系。随着欧洲主要国家的领导人“向右转”，欧洲国家开始出现亲美趋势。欧洲希望拉拢中国来制衡美国的政策，显然已经过时。

“老宿”与“新贵”重新打量

欧洲对中国没有敌意，但有让中国经济慢下来的“暗算”。到目前为止，欧洲都没有解禁武器出口，没有承认中国的市场经济地位。这是欧洲牵制中国的两根绳子，不会轻易放弃。

不过中国在进入21世纪的第二个10年后却开始转变。中国一路过关斩将，在2010年跃升为世界第二大经济体后，也在经受食品安全危机、水污染、雾霾、气候变暖。中国对环境保护有了新的认识，承诺二氧化碳减排，把生态文明列入国策，环保指标列入官员考核指标，这让生活在花园里的欧洲人产生了信心：“新贵”不一定沦为土豪，高楼大厦不会阻挡中国人对现代化的前瞻与理解。

习近平主掌中国以后，提出诸多符合国际潮流的政策及实现路线图，比如坚决反腐败，告别GDP至上，大力改革和完善市场经济体制，把依法治国作为国家治理关键策略。市场经济、民主政治、法治社会、绿色文明、自由思想，这是支撑当代欧洲的五大支柱。中国的深化改革，在欧洲文明进程中似乎都能找到印痕。

是“老宿”的身体不适，导致欧洲向“新贵”伸出求救之手，促使中欧关系紧密。全球金融危机、欧债危机，以及欧盟内部的利益冲突，把欧洲经济打到衰落境地。欧洲期望中国的投资能拉动摇摇欲坠的经济，增加就业机会；欧洲期望富裕起来的中国中产阶级来欧“扫货”，提振消费能力。一些率直的欧洲学者，把欧洲对中国的期待称作“第二个马歇尔计划”——用中国的钱来拯救和发展欧洲经济。

中国因势而变，调整了海外投资重点。不再像以往那样着重在亚洲、非洲和拉美签署主要与自然资源有关的协议，而是将目光瞄准陷入困境中的欧洲，利用这种百年一遇的机遇，收购世界级的品牌，入股关键性的国家基础设施资产。实际上，有了钱的中国一直在寻求扩大海外市场和劳务机会，不再像20世纪一样只盯着“招商引资”。

中国投资在欧洲的“海外直接投资”餐桌上的只有3%的份额，但已直接进入欧洲的腹腔，不像在美国那样只能从事边缘性产业投资。截至2014年，中国已购买了价值超过80亿美元的西班牙债券，增加了在国际货币基金组织中的份额以支持对希腊的援助，为希腊的港口建设以及葡萄牙的电力建设投资数十亿美元，收购英国泰晤士水务9%的股份，同意在西班牙开办合资企业进行石油勘探。此外中国还在中国投资公司设立了总价值超过400亿美元的欧盟专项基金，以帮助中国企业在欧洲进行投资。最有标志性意义的是，2014年中国国家电网收购了意大利电网CDP Reti 35%的股权。这笔交易被看作是“中国对意大利能源领域发动‘魅力攻势’的最新篇章，可以说让中国国家电网史无前例地接触意大利的能源技术和网络，而且还让其有机会获得电力市场监管如何运作的第一手知识”。

中国很清楚，欧洲可能是唯一一个能够与中国深入合作的发达经济体。无论日本还是美国，都不会愿意与中国进行如此深入的合作。日本在与中国争夺亚洲第一把交椅，还有历史问题和钓鱼岛争端；美国则力保世界“老大”地位，对世界第二怀着本能的制约和打压心态。因此，要获得最新技术，欧洲国家的保留程度可能最低。欧盟委员会对此表态积极，认为欧洲的未来发展要依靠先进且高科技的制造业，这就需要与包括中国在内的重要合作伙伴进行磋商。

可以说，中欧关系正发生微妙变化：过去是欧洲拉中国制衡美国，现在则是中国拉欧洲制衡美国、平衡俄罗斯。中国新一届政府提出的“一带一路”倡议，是以中国为核心、面向欧洲的开放体系，对中国的国家安全和国际地位带来重大影响。这一倡议能否实现，欧洲的立场至关重要。“两大力量”可以相互认可，“两大市场”可以相互联通，而“两大文明”能否融合则是新的挑战。

文明的融合是价值观的趋同，政治制度的兼容，生活方式的相近。

相敬如宾的长旅

冷战的结束、金融危机的冲击、反恐战争的考验、中国的快速崛起，改变着世界格局，也改变着欧洲的心态和地位。就中欧硬实力而言，中国日渐强大，体格健壮；欧洲相对吃力，优越感不再。就中欧软实力而言，中国在摸索中创新，力求获得世界认可；欧洲自信心饱满，以更老辣的眼光审视世界变化。不难看出，中欧在硬实力上的竞合已经开始，取长补短，在软实力上的分歧依旧，平行发展，交集颇少。这种现实决定，中欧今后相敬如宾，以实利取舍为根本，不会掰腕、争吵，也不会走得太近、成为战略“铁哥们”。

中欧双方的“新常态”，决定了中欧新型特殊关系的“新常态”。就欧洲而言，欧盟的凝聚力在下降，对国际事务的影响力在下降，国家的不平衡发展及普遍的经济滞胀，让欧洲各国气喘吁吁。除德国等极少数国家异军突起，大部分欧洲国家都在走向“内向”，致力于经营自己的“一亩三分地”。欧美的重新和好，也让欧洲不再有挑战美国的雄心，宁愿与美国强化战略伙伴关系。不追求价值观输出，但求欧洲文明被尊重。欧洲的这种“新常态”，表现在对外关系上，就是强调经济和贸易，以及在全球范围内为欧洲产品、技术和服务寻找市场。“中国市场”比“世界工厂”更有吸引力。

中国经过高速发展后，也进入调整结构、经济增长放缓的“新常态”。与之伴随的是深化改革，完善市场经济体制，加快国家治理现代化，推进依法治国，调整国内利益格局。中共十八届三中全会发布的深化改革路线图，勾勒了庞大的改革议程，其广度和大胆性受到欧盟及欧洲在华企业的欢迎，并被外界看作是“有可能让中国日益下滑的经济实现再平衡，并创建一个更加公平和开放的大市场”。中国的全面深化改革，同样关系到欧洲的数百万就业岗位，关系到能否拉动欧洲经济增长，关系到欧洲文明的后劲。

中欧新型特殊关系的“新常态”，也将表现在以下方面：第一，中欧交往的关键部位是经贸和技术合作，在外交上追求实利，在政治、军事、战略上尽可能相互容忍，不予直接干涉。第二，中欧交流将呈现“细分”特征，中国与欧盟国家的交往，将以双边关系为主；中国与中东欧非欧盟国家的交往，将以集体关系为主。第三，美国仍是欧洲的优选伙伴，当中美之间发生冲突，欧洲会倾向于美国；当中国需要欧洲制约美国，欧洲只会温和地充当“和事佬”，不会与美国闹翻。即便遇到“窃听丑闻”这样中欧共同反对的事，欧洲也不会完全与中国合唱。第四，欧洲对西方制定的世界政治、经济运行体系，将持维护立场；对中国等新兴经济体国家提倡的改进世界贸易规则，增加发展中国家在世界银行、国际货币基金组织投票权等，欧洲持否定立场，但也不会直接抗拒；对于美国掌控的世界贸易领域的三大谈判，即《跨大西洋贸易与投资伙伴关系协定》《跨太平洋战略经济伙伴关系协定》，以及由 20 多个国家主导的重订全球服务贸易规则谈判，都把中国排除在外，欧盟也不会帮助中国挤进“贸易俱乐部”。第五，欧洲对中国的主权要求，比如钓鱼岛争端、南海问题、中印边界争端，会采取不表态、不介入、不帮忙的“三不”立场。第六，欧盟不会轻易解除对华武器禁运政策，也不会很快承认中国的市场经济国家地位。

鉴于中国如今是行情看涨的超级经济大国，日益塑造着全球实践，同时还在海外大举投资，因此欧洲把与中国打交道作为要务。而在中国的战略棋盘上，中欧关系被看做重点之一，但不及周边外交和中美新型大国关系重要。

中欧关系的这种“新常态”，决定了中欧今后会相敬如宾，颇有“君子之交”的味道。不过这种交往态势可以波澜不惊，逐层深化，共同走出一条长长的合作之旅。

陈 冰

《深圳特区报》评论员，曾留学英国。深圳卫视《直播港澳台》特约评论员，曾在《联合早报》《信报》《南方都市报》《新京报》《京华时报》《中国青年报》等报纸发表时评，多篇海外评论被《参考消息》转载。

推翻哥伦布：拉美反全球化的悖论

马立明

2014年6月，万众瞩目的世界杯足球赛前，主办国巴西多个城市“很不和谐”地爆发抗议活动。里约热内卢的 Arariboia 广场，每天都聚集着好几万示威者，示威者中还出现了头戴鸟羽冠、手持长矛的印第安人，他们与警方发生冲突。巴西街头硝烟滚滚，这成为笼罩在世界杯大赛上的阴云。虽然足球赛并没有受到影响，但这一幕成为世人的疑团。

他们的口号是“FIFA go home”。他们讨厌足球赛吗？显然不是。他们在广场休息的时候，秀了一下自己的足球技术。那么，这些示威者来自何方？他们反对的是什么？

这是拉丁美洲反全球化运动的一部分。越来越商业化的世界杯，在他们眼中，已经是全球化的载体。这些人，曾经是全球化边缘的人，又叫“他者”或者“影子”。

在拉丁美洲历史上，存在着数以万计的“影子”。就像哥伦比亚作家加西亚·马尔克斯在《百年孤独》中描写的各处飘荡的鬼魂，不被察觉却在默默地注视着你——古老、寂寞、无声、忧伤。这些“影子”，就是这片大陆上被边缘化、被遗忘的人群。

具体地说，就是拉美的印第安人、穷人、残疾人、同性恋者、异教徒、异见分子等遭遇不公的边缘人大联盟。他们生活在社会的底层，缺乏发展机会，一直在沉默，直到近年来才大声呼吁，走上了抗议之路。后来，他们又与反全球化者、环保主义者、女权主义者等群体联合起来，成为反全球化运动中的一抹温柔而狂怒的“影子”。在未来10年里，反全球化的声浪必定成为底层抗争运动的一大趋势。

“推翻”哥伦布

近20年来，全球化成为不可阻挡的趋势。全球化是生产社会化发展的产物，也是世界经济发展的客观规律和不可抗拒的趋势。全球化要求在全球范围内合理地配置生产要素，从而促进全球经济的共同繁荣，这是历史的进步。这种信息的全球化，令每一个在电脑前（手机上）的人都有望成为“世界公民”。再没有什么东西是“神圣”得讳莫如深的了，这就是祛魅。

但是，有光就有影。反全球化运动同样进行得轰轰烈烈。

我们一度记得，在殖民时代，殖民者的血腥杀戮、奴隶交易及不平等贸易，让“接触”成为落后者的噩梦。饱受殖民侵略的非西方世界仍对当时的情景耿耿于怀。**当时，世界走进了一个疯狂的轨道：一面是西方世界财富飞速膨胀、科技飞速发展的盛况，一面是非西方世界被殖民、被掠夺、被屠杀的悲惨景象。**

这提醒我们，全球化也有暴戾的一面。我们忘不了在殖民时代失去土地的农民、被虐杀的土著人、破产的手工业者，以及分崩离析的政权。在今日的全球化的过程中，必然有些人、有些族群会遭到损害，被边缘化，甚至丧失生存来源，一如他们的前辈，被全球化摧残得体无完肤。

是的，需要指出的是，在互联网时代中，同样有反抗的火种存在。尤其是拉丁美洲，这块革命的大陆，这个倾向于以枪支与弹药解决问题的大洲，这个自14世纪起便对全球化与殖民心存不满的大洲，直到现在还经常回荡着革命的口号。他们的诉求有很多，但不少是指向发达国家的掠夺与侵略——也可以称之为“反全球化”。

加莱亚诺说过：我们若从土著人的角度来写一部美洲史，则其恰恰与主流历史是相反的。遇到哥伦布前是繁星璀璨，遇到哥伦布后却是屈辱与死亡。人口的锐减已经说明了他们的悲情——他们从美洲的“第一民族”变成了“少数族裔”。侥幸生存下来的，躲进了历史，成为古老的遗民。翻开西方人编写的现代史，对印第安人的描述少之又少，即使出现，也位于伟大的现代文明的对立面——愚蠢、蒙昧、不可理喻……

“印第安人是身陷奴役的王子，他们曾经名列前茅，而如今排在队尾。

他们被剥夺了土地，他们被禁止发言，甚至被禁止回忆。”墨西哥著名的印第安人运动倡导者、萨帕塔军队副司令马科斯这样说。

1992年，当西方世界和亚非拉主流媒体沉浸在庆祝哥伦布发现新大陆500周年之际，拉美土著人则不以为然——美洲不是“新大陆”，更不是被哥伦布“发现”的，玛雅文明已有7 000多年历史……

这一年，拉美许多国家爆发了以土著民众为主体的抗议运动，一次官方筹划的隆重纪念，在拉丁美洲却变成了一场大规模的民众抵制运动。以印第安妇女门楚为首的拉美知识分子、精英阶层都曾公开呼吁拉丁美洲人不要庆祝“哥伦布日”。因为哥伦布1492年的地理大发现，对拉美土著印第安人来说是漫长的“种族屠杀”。“克里斯托弗·哥伦布是人类历史上最大的侵略与种族灭绝的先锋。”委内瑞拉总统查韦斯这样说。

印第安人当然不会与哥伦布较劲——他们抗议的是被忽视与被轻慢的现状，也就是傲慢的“全球化”主流话语体系。在全球历史中，根本没有印第安人的坐标，他们在历史中没有地位，在现实生活中也没有地位。整个拉丁美洲如今有1 000多万土著人，大部分贫困潦倒。全球化在他们心中就是梦魇。

温柔而狂怒的影子

反对全球化运动说明，全球化本身是一把双刃剑。美国学者罗伯特·塞缪尔逊承认：“全球化是一把双刃剑：它既是加快经济增长速度、传播新技术和提高富国与穷国生活水平的有效途径，也是侵犯国家主权、侵蚀当地文化和传统、威胁经济和社会稳定的一个有很大争议的过程。”美国前国务卿基辛格承认：“全球化对美国是好事，对其他国家是坏事……因为它加深了贫富之间的鸿沟。”英国《卫报》发表的题为《全球化的受害者》的文章承认：西方国家利用全球化推行新殖民主义。

怎么定义这个全球化的时代？商业化是一个普遍特征。乔姆斯基把它叫作新自由主义的全球体系，沃勒斯坦称之为资本主义世界体系，齐泽克说这是一个糟糕的商品拜物教。在这个全球化时代，出现了大量的失败者，他们迅速地退到了主流话语的边缘。

这些“影子”并不甘于沉沦，在拉丁美洲，很多人采取独特的方式表达抗议。他们将矛头指向了这个新自由主义全球体系，或者说是资本全球化的时代。“公平”“正义”成为拉美社会的响亮呼声。左派思潮成为拉美的一道奇特风景。

“五月广场母亲”运动非常典型。在阿根廷军政府执政时期，全国有近3万人离奇失踪、死亡。数十个被害人的母亲，在每周四的下午，绕着阿根廷总统府的五月广场沉默行走，挥舞着白手绢表达着抗议。“白手绢”因此成了反抗的符号。后来，“五月广场母亲”加入反贫困、反全球化运动中，“希望创造一种机会，让个人能摆脱资本主义市场的束缚进行生产、消费和发展”。当示威的队伍浩浩荡荡地走上街头，无论这个运动是反全球化，还是支持女权运动，或是支持同性恋合法化，最前面的往往就是母亲们的“白手绢”。

同样发生在阿根廷的“敲锅盖”运动与“拦路者”运动，也是抗议者的即兴之作。前者是人们使劲地敲打着锅盖，作为草根阶层的力量展示。就在2012年布宜诺斯艾利斯大停电之际，数十万市民一起敲打锅盖。“拦路者”则是一些失业的工人，他们的诉求得不到政府的理睬，因此拦在马路上，目的是引起重视。这两个运动出自阿根廷，但其斗争的形式蔓延至全拉丁美洲。还有著名的墨西哥“萨帕塔”运动，初衷是为印第安人争取权利，最后却演变成一次反抗者的大联盟。萨帕塔人都戴着面具，他们指着镜头说：“无论你在哪，戴上面具，你就是萨帕塔。”这个运动后来被搬上银幕，这些人成为新一代青少年心目中的英雄。

此外还有很多社会运动，包括要求同性恋者权利的狂欢、公民抗议恶化的公共安全状况和逍遥法外行为的静默游行、无地农民运动等。尤其是在资本全球化下沦为底层的工人阶层，在工会的带动下，掀起了一次次的罢工，比如巴西公交车司机大罢工。这些在全球语境中的“他者”，在互联网时代中形成了他们的统一战线，抗议的形式也不断更新，不断突破着想象力的极限，化身为一道道“温柔而狂怒的影子”。

不仅仅在拉美，在北美、亚洲、非洲都发生过反全球化运动。金融风暴时期的“占领华尔街”，其实也是左派运动中的一环。中国也有，在香港进行的亚洲同志大游行、富士康工厂的工人运动，以及带有反男权中心主义色彩的新媒体女性运动等，都带有这种色彩。全球化带来太多的边缘人，他们需要表达愤怒。

经济全球化的核心是充分竞争，即在全球市场中展开角逐。市场化的游戏规则是优胜劣汰。在这场角逐中，赢家有可能赚得盆满钵满，而输家则可能没有立锥之地。这样一来，富者更富，穷者更穷，形成“马太效应”。当然，这种残酷的竞争机制必然导致失败者陷入万丈深渊，因此并非理想的制度设计。发展的主体是人，全球化的目标也是让每个人都能享受发展的果实。因此，我们应当考虑：怎样让全球化显得更“有人性”呢？怎样在全球化过程中增设“兜底”制度呢？如何保护在全球化中受到侵害的弱势群体呢？如果全球化带来的是以鲜血为代价的发展，那就与人类追求的目标背道而驰。

全球化要具有人性的一面

从全世界范围看，新的全球矛盾仍然是穷者与富者的对立。以往数百年，对立的方式是革命战争，尤其是非西方国家争取民族独立的战争。它们以枪炮粉碎了世界殖民体系。如今，它们面对所谓的“新殖民主义”，则采用稍微缓和的方式进行斗争，如社会抗议、贸易争端、民族冲突、宗教对立等。在全球化加速的情况下，未来世界的危险性是资本的统治、技术的统治与少数集团和少数国家的统治，即全球民主丧失下的全球治理。因而新的世界矛盾与冲突不可避免。未来世界不是没有冲突与战争，而是将面对新形式的冲突与战争，包括世界范围的冲突与战争。如果全球化最后导致的是全球大多数人没有得到利益，甚至失去家园、失去基本生存保障，那么全球化的后果将不堪设想。

所谓少数者，指那些在全球化中最没有竞争力、最容易受到伤害的群体，被边缘化的最不发达国家与民族（族群、部落），被排斥的人群，试图保护自己的特性不受影响的团体与个体，等等。丛林里的游击队恰恰就扮演了这“少数者”“弱者”的身份。

“全球化要具有人性的一面”，这是目前世界的共同呼吁。但吊诡的是，全球化至今仍是一个有多重定义的词，不同区域、身份、职业的人，对全球化有着截然不同的解读。有人在全球化中看到了民主与进步，有人在全球化中看到了掠夺与剥削。既然“全球化”这个词无法被定义，那么反全球化则有多重解释。即使有一百个群体号称反全球化，他们反对的内容也不尽相同。

无论反全球化怎么进行，全球化的脚步都不会停止。这一历史进程是不可抗拒和不可逆转的。但是，反全球化本身也是全球化这一历史潮流的一个重要组成部分。并且，大多数“反全球化”势力也并不反对全球化本身，而只是反对其中不合理、不公正的一面。

同时，反全球化有助于人们更加全面、辩证地看待全球化，正视全球化带来的负面影响。这是它作为对立面的价值。在西方国家占据主导地位的情况下，全球化进程中存在着许多弊端以及许多不合理、不公正的现象。反全球化揭露了“全球化时代”存在的严重问题，积极反对霸权主义和殖民主义，促使各国政府及国际组织不得不正视全球化进程中出现的各种尖锐问题，努力促进国际协调管理机制的改革与完善。近年来，各种国际会议都认为，反全球化不会阻碍全球化这一反映当代生产力发展水平的客观趋势。

“反全球化是让全球化的脚步走向更加公平、公正、自由的方向。反全球化浪潮更是发达国家和不发达国家弱势群体的呐喊。应该让大多数人民真正参与全球化，只有广大人民对全球化的利益与风险有了切身感受，全球化才能获得真正的动力源。”就是说，全球化才会有可持续性。不能听任全球化进程只受市场力量支配，而必须有驾驭全球化的相应制度安排，否则全球化的社会成本太高，将在根本上制约全球化的进一步发展。

从本质上讲，反全球化本身也是全球化的一种结果，因为它的成员来自世界不同地方、不同行业、不同组织，拥有不同的政治观点，没有全球化带来的各种便利条件如交通、信息传递等，这些人是不可能走到一起来的。因此说，离开了全球化，反全球化也就不复存在。

我们看到，更多的声音、观点被打捞出来，它们或许很另类，与时代格格不入，但却成为日趋自由的时代不可缺少的部分。在一个全球化的时代，任何声音都应当被尊重。正是这种多元，才是全球化的重要基础。

反全球化并非全球化的对立面。它只是全球化的一部分。所以，当反全球化者的形象，通过全球媒体网络出现在世界的每一处时，我们都听到了他们的呐喊。

马立明

青年学者，评论员，现任职于暨南大学新闻与传播学院博士后工作站。研究领域包括：少数派运动，新自由主义，失败国家研究。曾任深圳卫视《直播港澳台》高级策划、评论员，《直说》系列图书执行主编。文章发表于《南方周末》《南方人物周刊》《南风窗》《深圳特区报》《南方日报》《第一财经周刊》《羊城晚报》等，并于“腾讯·大家”“新华·思客”等网络媒体开设专栏评论。发表国际政治、经济、文化评论1 000多篇。

第 6 章

国防大议

一国不可一日无国防。国防，是国家安全的重要保障，没有一个强大的国防，就没有国家的主权和独立。天下仍不太平，国际形势错综复杂，战争依然时有发生。我们的国防力量，必须坚定捍卫国家利益。

在传统利益方面，中国面临着南海问题、东海问题、中印边界问题等的挑战；在国际责任方面，中国国防力量积极参与全球性事务，应付公共海域海盗、中亚地区“三股势力”等问题——这些都需要我们的国防力量敢于及时亮剑，捍卫中国的利益。而且，随着科学技术的发展，外层空间、互联网等新领域的开拓，又对传统安保理念提出了更高的要求，不断地考验着我们的军队。

本章，各位军事专家将带来独家观察。

为了太平洋的“太平”：中国的“战略再再平衡战略”

罗　援

2014年11月15日，美国总统奥巴马在澳大利亚昆士兰大学演讲时再度重申了美国重返亚太的“决心”。其实，从来没有人对美国重返亚太实施“战略再平衡”的决心产生过怀疑，大家质疑的是：美国重返亚太究竟要干什么？亚太地区出现了什么新情况，促使美国将2/3的水面舰艇、2/3的海外作战飞机和3/5的核潜艇部署到此间？这难道不是人为制造亚太战略天平的失衡和战略态势的无序吗？

事实上，自从美国提出亚太“再平衡战略”以来，太平洋就不再太平了。日本开始有恃无恐，给战争机器注油松绑；菲律宾开始抓扣中国的作业船只，并宣布将南中国海改名为“西菲律宾海”；越南开始冲撞中国的勘探平台，挑衅中国的海上利益。美国貌似公允，提出要在南海采取“冻结政策”。然而，实质问题是，南海各声索国早就在所占岛屿上修建了军用和民用设施，为何中国刚刚开始在自己的岛礁上修建基础设施，美国就出来要求“冻结”？这不是明摆着拉偏架吗？

目前中美两国已达成的建立新型大国关系的共识，其核心便是平等、相互尊重、互利共赢、不冲突、不对抗。中国很重视新型大国关系中的“平等”二字，因为在国际关系中从来没有救世主，也没有天然的“老大”。不能因为美国重返亚太，就要中国退避三舍，采取低姿态，这本身就是一种不平衡、不平等。如果这样，建立起来的所谓“新型大国关系”就只有两种可能：一是敌对方式，弱肉强食，这在霸权的丛林规则中是天经地义的事；二是将弱者纳入强者的体系之中，遵守强者制定的游戏规则，双方成为主仆关系，弱者按照强者的指挥棒来行事。而这两种方式都不是中国所能够接受的，因为真正的“新型大国关系”首先应基于彼此平等、相互尊重。

因此，为了扭转中美关系中的不平等，使中国具备与其国际地位相符合的平等话语权，中国必须采取一种“战略再再平衡战略”。

这种战略不是要搞军备竞赛，而是以不对称的手段达到相对对称的目的，以较小的成本获取最佳的费效比结果。中国没有必要与美国“高比高”“强比强”。因为中美的战略目标不一样，美国是全球称霸型战略，中国是国土自卫型战略；中美的军事变革起点不一样，美国是在完全机械化程度上向信息化迈进，中国是在不完全机械化程度上向信息化跨越；中美军费投入不一样，美国军费是6 000多亿美元，中国军费只有1 000多亿美元。如果中国与美国搞军备竞赛，就是“叫花子与龙王比宝”，拖也会把中国拖垮，苏联的解体就是前车之鉴。

这种“战略再再平衡战略”的核心是“四两拨千斤”——美国在哪里造成失衡，中国就在哪里寻找新的平衡点。

美国以军事同盟战略造成亚太战略天平的倾斜，中国就应以广泛的周边外交加以平衡。美国以排中性的《跨太平洋伙伴关系协定》造成亚太经济战略的失衡，中国就应以双边或多边的贸易安排以及“一带一路”倡议加以平衡。美国试图以“介入”能力打破亚太地区的稳定，中国就应该提高“反介入”能力，维护亚太地区的稳定。美国试图以F-22、F-35等四代战机保持在装备上的领先地位，中国就应该发展歼-20、歼-31相抗衡，不求达到同一个水平，但起码不形成代差。就像美国媒体说的那样，以前美国准备以1架四代机对付中国30架飞机，现在中国可以3架战机对付美国1架四代机。

这就是相对的平衡。如此，双方在动用武力之前，都要有所顾忌，考虑一下动武的成本和代价。这就是“战略再再平衡战略”。通过否定之否定，达到新的战略平衡。除非美国放弃“再平衡战略”，与亚太人民一起构建一个各方都能接受、互利共赢的新的政治经济安全新秩序，达到亚太地区新的战略平衡，否则，中国必然也必须反制。

罗　援

中国战略文化促进会常务副会长，少将军衔。主编或与人合著《中国人民解放军战史》《中国人民志愿军战史》《军事预测学》《国际战略论》《战略学》《战略评估》《谈兵论战：伊拉克战争点评》等著作。

中美能超越“修昔底德陷阱”吗?

彭光谦

古希腊著名历史学家、《伯罗奔尼撒战争史》作者修昔底德认为，一个大国的崛起往往伴随着一场与原有大国之间你死我活的战争。雅典和斯巴达的战争之所以最终变得不可避免，就是因为雅典实力的增长，以及这种增长在斯巴达所引起的恐惧。这就是人们一直忧虑的“修昔底德陷阱”。

美国哈佛大学学者的研究也表明，1 500 年来，15 次大国权力转移中，有 11 次是以战争为结局的。

中国的迅速发展和中华民族的伟大复兴为什么能超越“修昔底德陷阱”的历史宿命？新兴的中国与当今世界唯一超级大国美国为什么有可能避免一场全面摊牌的战争较量？

这并不只是中国单方面的良好愿望，也绝非美国霸权的仁慈与善心，而是时代条件的重大变化，使得中美力量对比的转换有可能是和平的，而且必须是和平的。

当代有两个现实是以前没有过的。第一个重大的现实是，与以往的大国相互隔绝、相互对立的关系不同，全球化的深入发展，使各个国家的利益特别是大国间的利益相互依存度越来越高，全球越来越成为一个命运共同体，各国的生存与发展是相互连在一起、密切相关的。一荣不一定俱荣，但一损肯定俱损。中国的发展尽管引起美国对霸权旁落的恐惧，但同时，美国又把走出经济危机的希望寄托在中国的大市场上。

美国国防部前助理国防部长、著名学者约瑟夫·奈撰文指出，应以“正和”而非“零和”方式看待当代实力的增长，换句话说，“中国的实力增长或许是有利于美国和全球的”。美国霸权的衰落绝不是中国引起的，正如英国学者汤因比所指出的：“帝国的衰落来自对外的过度扩张和社会内部扭曲的扩大。”中国的发展并不挑战美国，甚至还为美国霸权的软着陆争取了必要的时间与空间。

当代第二个重大的现实是，由于科学技术与战争手段的发展已经超过了战争目的的需要，军事手段的效用正在下降。美国作为当代军事超级大国，拥有世界上规模最为庞大的战争机器，仅美国储存的大规模毁灭性武器，就足以毁灭人类几十次，而人类只要毁灭一次就够了。

尽管中美之间存在不小的军事差距，但是中国现有的现代化国防力量和战略反击能力，足以对任何武力危害中国国家安全和核心利益的侵略者予以等效的毁灭性还击。拥有超饱和、超杀伤军事手段的美国并不能保证自己在毁灭别人的同时，避免自己的毁灭，或者避免不可承受的战争后果。可以说，中美之间的全面战争不会有胜利者。中国的发展进程固然会因此受到严重冲击，但美国霸权从此成为历史则是毫无疑问的。这肯定不是美国所要的结果。

中国的发展和民族的复兴是任何力量都阻挡不了的。未来中国还会继续提升自己的实力，把中国人的命运永远掌握在中国人自己手里。但中国实力的发展并不威胁任何人和挑战任何人。中国没有兴趣也没有必要跟美国争夺什么霸权或领导权。中国只是要复兴中华民族，告别近代的屈辱史，成为一个真正的国家富强、民族繁荣、人民幸福的国家。美国对中国力量的发展和民族复兴的疑虑完全是多余的。

只要放弃历史的偏见，宽阔的太平洋就展现在你的面前。中美两个伟大国家和两个伟大民族完全有理由避免狭路相逢，避免大国对抗的历史宿命，共同走向双赢。当然这需要双方有理智、有远见，共同努力，仅有中国一只翅膀是飞不起来的。

（本文英文版发表于美国《赫芬顿邮报》和中国香港“中美聚焦”网，经作者本人授权，本书辑录中文原文）

彭光谦

军事科学院战略研究部学术委员会原主任，战略学博士生导师。20 世纪 60 年代毕业于北京大学，90 年代曾作为高级研究员，在美国战略思想库作客座研究。主编《战略学》，著有《中国军事战略问题研究》《国际战略格局与当代战争》等。

对新边海防观的大战略思考

乔　良

中日、中菲、中越之间此起彼伏的岛礁及海洋权益之争，不仅对我国现实的边海防安全构成严重威胁，更对我国传统的边海防观念产生强烈冲击和挑战。

我们必须意识到，在全球资源争夺日趋激烈的大前提下，边海防安全不能仅仅理解为领土、领海及海洋权益的得失问题，而必须理解为关乎国家发展、民族复兴的国家生存大战略问题。

这意味着我们必须确立新的边海防观。而确立新的边海防观，则需要先准确判断对手的战略意图和战略路径。

美国推出亚太“再平衡战略”的真正目的是什么？答案只有一个：解除中国对美国霸权的潜在挑战和威胁。

那么，美国将如何做到这一点？自美国金融危机以来，我们看到美国人为此绞尽脑汁，使出浑身解数：压迫人民币升值，对中国产品进行反倾销调查，提高关税壁垒，给中国从海外获得资源及并购外企设置重重障碍，把中国排除于《跨太平洋伙伴关系协定》之外，等等，可谓无所不用其极。但这些小打小闹的动作，已很难从根本上撼动身量日渐壮大的中国。

这是否意味着美国已对中国的强大无可奈何了呢？未必。我们眼下决不可盲目乐观，更不能掉以轻心。当中日、中菲、中越的岛礁和海权之争，几乎不约而同地在中国周边相继突显时，美国人用地缘政治策略配合其金融大战略的图谋，也逐渐清晰地显示出轮廓——

自1971年美元与黄金脱钩，美国人真正获得金融霸权以来，通过向全世界输出廉价纸币，换取各国实物财富，就成了美国国家生存的基本方式和美国国家大战略的核心设计，也成了不容任何人挑战的美国核心利益。40余年里，美国人通过战争或其他制造、挑起地区性危机的办法，与美元起伏涨跌的趋势相配合，已经数次扫荡或攫取过不同地区和国家的财富。我们应该不会忘记，1978 年至 1984 年美元指数转强之后，拉丁美洲金融危机爆发。结果，一度欣欣向荣的拉美，瞬间繁华凋敝，阿根廷这些已步入发达国家行列的佼佼者，重新沦落为发展中国家！更令我们记忆犹新的是，1996 年至 2002 年美元指数又一次走强之时，与之对应的是东南亚金融危机爆发。一时间，亚洲“四小龙”“四小虎”无一幸免，全部被这场风暴打得“倒退二十年”。值得注意的是，这两次美元走强的时间都大约是 6 年，显现出某种周期性。

现在，随着美国经济呈现复苏迹象，美元指数自 2011 年开始，已进入新一轮上升通道。一个重要信号是，美联储正在有步骤地退出量化宽松，这意味着美元的泄洪闸正在落下，美元的流量将会很快收紧，对已经习惯美元资本洪流的各国经济来说，流动性不足的时刻即将到来。而参照拉美金融危机和东南亚金融危机的情况看，这时候美国政府和美联储只需要在某个资本云集的地区，制造一次地区危机，让全球投资人感到投资环境正在恶化，与此同时，美联储再趁机吹响“加息”的号角，全球的投资人就会恐慌性地竞相从该地区撤资抽逃，这一来对该地区的资本产生强大的抽血效应，二来投资人掉头去美国避险，追捧加息后的美元，推高美国的债市、股市，创造又一波美国经济大牛市！但故事并未到此为止。因为这时，除美国之外，其他地区和国家的经济已处在风雨飘摇、哀鸿遍野之际，已在债市股市赚的钵满盆满的美国人，会趁势杀回马枪，到那些深陷危机的国家去抄底，以极低廉的价格，收购扫荡各国的优质资产……

当我们看穿了美国的这一金融大战略魔术，再把它与时下中国周边骤然紧张的地缘态势联系起来看，美国人想干什么，不是一目了然了么？在美国宁可放俄罗斯一马，吞咽下克里米亚这枚苦果，也要不遗余力推动中国与周边国家的岛礁或海权争端，酿造一场地区冲突以满足其用地缘危机配合“币缘”攻势时，中国周边的边海防问题，也就不再是局部的单纯的领土主权争夺。

因此，中国的新边海防观和相关战略必须立足于对中国整体国家利益和安全的通盘考量，着眼于对对手扼制中国崛起、鲸吞中国财富的金融大战略的破解，而不能局限于传统的守疆戍边固土的小格局之上。

乔　良

解放军空军少将，我国著名军旅作家，空军指挥学院战略教授，国家安全政策研究委员会副秘书长，中国作家协会会员。享受政府特殊津贴。1999 年，他与王湘穗合著的军事理论著作《超限战》，是对美国“所谓世界上最先进的军事理论在前苏联解体后遇到的首次强力挑战”。主要作品还包括《全球军事排行榜》《军官素质论》《末日之门》等。

美重返亚太战略为何难逃失败结局

刘和平

美国是一个非常宗教化的国家。美国人有八成左右是新教和天主教信徒，无论是从信徒的数量还是从对于宗教的执迷程度上来讲，都仅次于伊斯兰世界，高于欧洲。

美国的自由市场经济、三权分立的政治制度，虽然深受欧洲尤其是古希腊文化与哲学思想的影响，但更为主要的，是脱胎和起源于基督教的教义。美国把推广基督教理念以及由此而产生的价值观，当成了自己神圣的天命。

同时，在管好世界方面，美国的野心相当大，它至少有五个目标：第一个是确保全球的安全，使得世界不再发生类似20世纪的世界大战，以及不再发生一个国家和民族吞并另外一个国家和民族的侵略战争。这一点，美国基本上做到了。第二个是推动经济全球化，尤其是要让美国式的自由市场经济模式全球化。这一点也基本上做到了。第三个是争议最大的一个目标，也是中国最为反感的一个目标，就是推进美国式的政治制度和管治模式全球化。第四个是推进美国式的文明与价值观念全球化，企图把它变成普世文明与普世价值。第五个是推动基督教信仰的全球化。

美国历史上的四次战略大转移

自从立国以来，美国基本上都是围绕着笔者刚才讲到的这几个根本性的目标在行动。美国虽然是世界头号强国，但是，它再强大，也不可能做到同时把地球上的每一个角落都管起来。因此，它采取的是稳打稳扎、“分片管理”、“滚动式推进”的策略。就是这一个策略，导致美国在全球范围内至少进行了四次战略大转移。

第一次战略大转移，就是从美国本土转移到包括南北美洲在内的整个美洲大陆。这一次转移，使得整个美洲，除了古巴等极个别国家之外，基本上都实行了美国式的自由民主制度。

第二次战略大转移，是从美洲大陆转移到欧洲大陆。这一次转移产生了三个影响：一是使曾经发生两次世界大战的欧洲，彻底告别了战争，走向了和平；二是使欧洲大陆告别了专制，走向了民主共和，甚至出现了告别狭隘的国家主义、走向欧洲大一统的倾向；三是终结了欧洲的意识形态对抗问题，尤其是让冷战阵营和苏联解体了，纷纷走上了美国式的道路。

第三次战略大转移，就是从欧洲转移到中东。中东不仅专制国家多，而且相当一部分还处于家族世袭和原始部落管理状态，这跟美国所要达到的全球目标恰恰是背道而驰的。此外，最为核心也最为关键的是，中东跟以美国为首的西方阵营，存在着宗教上的文明冲突。

所以我们看到，在过去二十多年的时间内，美国所打的几场大仗，都集中在中东地区。“有心栽花花不开，无心插柳柳成荫。”2010 年，中东地区爆发了席卷几乎整个伊斯兰世界的“茉莉花革命”，这是美国意想不到的。对于美国来讲，它的意义堪比苏联解体、东欧剧变。

不过，就在中东大变局方兴未艾之际，美国却在高调宣布第四次战略大转移，也就是从中东转往亚太地区。笔者认为，这次美国把战略重心转往亚太，针对中国，是有其必然性的，是中国躲都躲不过去的。第一，美国认为，中国跟美国存在着政治制度和意识形态上的不同，假如让中国这个全球人口最多的国家实现美国式民主化，那美国民主化全世界的任务就基本上接近完成；第二，美国认为，只有一个全盘西化的中国，才不会挑战美国所主导的世界秩序；第三，朝鲜半岛、印巴、台海、南海、东海问题，无一例外都跟中国有关，而中国又是一个正在崛起、未来可能挑战美国全球霸权的国家，美国认为，只要管好了中国，基本上就管好了亚太，甚至管好了人类的未来。

美国犯下的几大战略错误

美国重返亚太战略已经实施近六年了。在很多人看来，尤其是在美国自身看来，它重返亚太战略的演出才刚刚开始。然而，在笔者个人看来，它的结局即使不是以失败而告终，也将会是无果而终。而且，目前已经露出了这种倾向与苗头。

导致这一结果的根源就在于，奥巴马无论是在战略上还是在战术上，都出现了严重的失误。

之一，战略判断上的失误。

笔者认为，美国首先犯下的，是战略判断上的严重错误。

它忽视了中国与世界的变化：没有错，中国虽然实行的是跟美国不一样的政治制度和意识形态，但是，美国却没有看到，跟冷战时期相比，今天的中国已经发生了重大而深远的变化。

第一个变化是经济制度上的变化。

其实，中国现在所走的社会主义道路不再是苏联模式的社会主义道路。经过三十多年的改革开放，中国在经济上已经是一个准市场经济国家了。

第二个变化就是意识形态上的变化。

在对外关系上，跟改革开放之前抱持着“要团结全世界的无产阶级解放全人类”相比，中国在心态上不再以输出革命和意识形态为要务了。

中国在意识形态上不再具有扩张性，也就决定了美国围堵中国的号召不可能引起全世界普遍性的呼应。到现在为止，全球几个主要的大国和地区如俄罗斯、印度、巴西、南非、英、法、德、意等，都没有做出明确的站队。

之二，美国重返亚太的时机不对。

时机不对，主要是指撤出中东的战略时机不对。

战略时机不对，又源于战略判断上的重大错误。

其一是，对于基督教与伊斯兰教之间的宗教文明冲突，同中国的社会主义与美国的资本主义意识形态冲突相比，究竟谁轻谁重，哪个更根本哪个层次更浅，哪个急迫哪个可以缓一缓，缺乏清醒的战略判断。

笔者认为，有关资本主义与社会主义意识形态的分歧与冲突，只是漫长人类文明历史上的一次剧烈碰撞，它虽然给人类带来了巨大的伤害，但毕竟仅仅一百多年时间。

相反，基督教与伊斯兰教之间的文明冲突，不仅已经有了长达一千五百年的历史，而且对抗强度特别大。人类意识形态的冲突，虽然在一些国家内部斗得血流成河，但是，在国际基本上还是以冷战为主。而基督教与伊斯兰教的冲突，却都是以热战为主的。背后的根源就在于，这种争议涉及根本的文化与价值观问题，是深入灵魂与骨髓的。

其二是，美国在中东的战略任务压根就没有完成。鉴于宗教与文明冲突的尖锐性、复杂性和敏感性，美国的第三次战略大转移完成，也就是“搞定”中东伊斯兰世界，至少要花一百年以上。

然而，让人感到费解的是，从苏联解体、冷战结束，美国的战略重心开始转移到中东，到奥巴马高调宣布结束在阿富汗与伊拉克的两场战争，将战略重心转移到亚太来围堵中国，其间仅仅花了二十年时间都不到。

尤其是，在中东已经出现了有利于美国的局面的情况下，奥巴马却高调宣布，要重返亚太。

之三，美国应对中国的策略错误。

第一个是，放弃了自己的软实力优势。

大家公认美国最大的优势在于它的软实力，也就是它的文化、价值观念与意识形态。但是，这几年来，美国在跟他国交往的时候，更多看到的是眼前有形的利益，比如人民币汇率、贸易顺差，而基本上没有提所谓的人权与意识形态问题。也就是说，美国“手上有牌”，却急得忘了打。

第二个是，用介入中国领土主权纠纷的方式来围堵中国更是愚不可及。

有关这一方面，笔者首先想做一点澄清：虽然中国与周边国家海上领土主权纠纷的背后，处处都有美国的影子，都可以看见美国的黑手，但是，我们必须认清两个基本的事实。第一，中美这两个大国之间完全不存在任何领土与领海主权纠纷；第二，美国也没有动过要瓜分中国海洋石油资源的念头。

那美国又为什么吃饱了饭没事干，要在跟自己切身利益不太相干的海洋主权上，处处跟中国作对，找中国的茬呢？其实，根子仍然在于中美在政治制度和意识形态上的分歧。中国与周边国家的领土主权纠纷，只不过是美国解决中美政治制度和意识形态分歧、发泄对中国不满的一个抓手。

那么，美国以粗暴地介入中国与周边国家领土主权纠纷的方式，来发泄政治制度和意识形态上的不满，究竟是对还是不对呢？

笔者个人的看法是，奥巴马政府的做法非常愚蠢。这样做，不仅模糊了自己原本的战略焦点，甚至还会跟自己最初的目标背道而驰。笔者说过，美国部署重返亚太的核心目的，是改变中国的政治制度和意识形态，要实现这一点，美国必须取得中国国内民众的支持。但是，领土主权纠纷却与意识形态毫无关系，它不仅事关一个国家的核心国家利益，更事关全体国民的民族感情。你拿所谓的人权说事，或许可以赢得中国国内一部分“自由派”知识分子的支持与响应，但是你介入中国的领土与主权纠纷，激起的却是全体中国人的公愤。

之四，美国撤出中东重返亚太战略所导致的恶果。

值得注意的是，奥巴马在仓促间推出的撤出中东重返亚太的战略，不仅未能成功实现围堵中国的战略目标，而且正在导致一系列负面后果，也就是有可能导致美国所主导的全球秩序崩溃。

首先是中东秩序。基督教与伊斯兰教、逊尼派与什叶派之间的文明冲突，要求实行西方政治制度的世俗化力量与极端伊斯兰化力量的冲突，还有恐怖力量与反恐力量之间的冲突，正在形成叠加效应，使得中东局势出现碎片化甚至最终崩盘的倾向。一旦中东乱了，未来美国本土也就别想安全了。

其次是亚太秩序。第一，美国的重返亚太，主要是军事上的重返，总是在中国家门口舞刀弄枪，而且介入中国领土主权纠纷。这使得中国产生了深深的焦虑感与危机意识，并开始加快国防现代化的步伐，从而加速崛起为区域强权。这肯定会对由美国所主导的亚太地区现有秩序造成冲击。第二，美国为了对抗中国，逐步在放松二战后套在日本头上的绳索，让它解禁集体自卫权与修改和平宪法。美国的这种做法，不仅自毁了由自己缔造的二战后亚太秩序，而且让日本这头狼恢复了野性，从而激活了一座本已处于休眠状态的活火山，让中日矛盾死灰复燃了。这就使得由美国所主导的亚太秩序，也面临着瓦解的可能。

最后是东欧秩序。除了亚太与中东秩序之外，当前由北约所主导的东欧秩序，实际上也出现了崩盘的迹象。在看到俄罗斯合并克里米亚，而奥巴马并没有什么实质性的动作之后，普京采取了更加大胆的行动，开始变相派兵进入乌克兰境内了。这也就意味着，俄乌之间已经走到了直接开战的边缘；同时也意味着，由北约所主导的东欧秩序也面临着有可能崩溃的风险。

这三大秩序要是都乱了，那美国所主导的世界秩序也就玩完了。

刘和平

现为深圳广播电影电视集团首席时事评论员。曾在深圳从事采编工作近十年，在《香港商报》任采访部副主任，在香港《文汇报》担任社论主笔，对我国港澳台地区、中国外交和内政问题有深入的研究。

三个甲午年与四艘大船

黄　罡

1414，郑和舰队宝船

公元1414年是甲午年（明永乐十二年），明成祖朱棣已经建立起一个强大的国家。这一年发生了一件非常有意思的事，榜葛剌（今孟加拉一带）的使者带着一只长颈鹿来到北京，于九月初七进献给永乐帝。这是长颈鹿第一次来到中国。

当时的中国人把长颈鹿当作古代中国传说中的瑞兽麒麟，认为是祥瑞之兆，宫廷画师为此专门绘制麒麟图，这幅《明人画麒麟沈度颂》轴现藏于台北“故宫博物院”，可见这一事件的重要性和真实性。几乎就在同时，一支当时世界上最强大的舰队正在扬帆远航，这支舰队的统领是中国历史上最伟大的航海家郑和。当时郑和43岁，他正在第四次下西洋的途中。这支拥有四十余艘巨舰的庞大舰队载着27 000余人，带着无数瓷器、绸缎等来自东方中国的特色物品，浩浩荡荡航行在茫茫大海上，向全世界传播中华文明。在这次远航中，中国人首次到达了非洲东海岸的肯尼亚马林迪，有意思的是，这正是长颈鹿的故乡。

1994年，美国女作家雷瓦西出版了她为郑和撰写的传记《当中国称霸海上》，书中叙述了她在肯尼亚经历的传奇故事：一个黑人告诉她，自己是肯尼亚帕泰岛中国商船遇难幸存者的后裔。雷瓦西为美国《国家地理杂志》撰稿长达10年，1988年时访问过英国汉学大师、《中国科技史》主编李约瑟博士，后者当时请她协助修订《中国科技史》中的航海技艺部分。从那时开始，雷瓦西对研究郑和产生了浓厚兴趣，她后来为自己起了一个中文名字李露晔。

1999年，美国《纽约时报》记者纪思道在看了李露晔的著作后专门探访了肯尼亚的帕泰岛，并撰文介绍了他在帕泰岛上采访中国人后裔的经过。他还提出一个大胆推想：这些自称有中国血统的人，很可能是郑和部下的后裔。2002 年 3 月，《人民日报》驻南非首席记者李新烽只身冒险赴肯尼亚帕泰岛采访，成为报道帕泰岛中国人后裔的第一位中国记者。李新烽在帕泰岛上发现了“中国村”，看到从附近海域打捞出来的双龙坛，并下海寻觅当年的沉船。时至今日，那艘传说中的郑和舰队宝船依然没有找到，但是各种相关文物陆续被发现，都成为那支宏伟壮观的舰队来过的证明。

1415 年，郑和率领庞大的舰队回国，完成了他第四次下西洋的任务。郑和下西洋不仅传播了中华文明，也揭开了世界大航海时代的序幕，进而使世人认识了海洋，开辟了海上航道，逐渐打破了东西方之间、各大洲不同地区之间相对封闭隔绝的状态。从时间上比较，郑和下西洋比哥伦布发现新大陆早 87 年，比达·迦马绕过好望角早 92 年，比麦哲伦环球航行早 114 年。李露晔在其著作《当中国称霸海上》一书中提出过一个有趣的假设：假如郑和下西洋的时间晚 90 年，那么郑和与达·伽马在海上相遇会出现什么情况？见识到郑和的巨船与明朝的强大之后，达·伽马还敢乘小船继续穿越印度洋吗？郑和会不会将那些葡萄牙船只轻而易举地歼灭，从而阻止欧洲人开辟东方的贸易航线？最后，作者认为，当时中国完全有实力称霸世界，但是中国没有这样做。

1894，北洋水师“致远舰”

时间走到 1894 年，距离郑和首次到达非洲已经过去了 480 年，这又是一个甲午年。这一年爆发的中日甲午战争，成为影响亚洲乃至世界近代史的重大事件，而“致远舰”则是这一历史事件的主角之一。

“致远舰”是清朝北洋水师在 1886 年向外订购的巡洋舰，由英国“阿姆斯特朗”公司所造，造价 84.5 万两白银，其排水量 2 300 吨，航速达 18.5 节，是北洋水师主力战舰中速度最快的。“致远舰”和“靖远舰”分别于 1886 年 9 月与 12 月下水，1887 年 7 月建成。之后，由于各种政治原因，清政府下令北洋水师停止采购新武器。结果在 1894 年爆发的中日黄海海战中，“致远舰”及“靖远舰”是北洋水师最为“新式”的舰只。

后来的故事为大多数中国人所熟悉，1894 年 9 月 17 日黄海海战中，“定远舰”及“镇远舰”在中央，“致远舰”及靖远舰分别位于两艘铁甲舰左右两侧。战至下午 3 时左右，旗舰“定远舰”发生大火，“致远舰”上前掩护，中弹甚多，并且开始入水倾斜。同时舰上弹药不继，主炮及副炮弹药用罄。管带邓世昌下令“致远舰”全速冲向日本第一游击旗舰——巡洋舰“吉野号”，希望用舰首冲角将之撞沉，然而途中“致远舰”舰身突然爆炸沉没。“致远舰”全舰自管带邓世昌以下 246 名官兵仅 7 人获救，邓世昌则与其犬同殉。在电影《甲午风云》中，由李默然扮演的邓世昌成为经典形象，感动和激励了许多国人。但是关于这艘军舰，至今还有很多谜团，包括爆炸原因至今仍众说纷纭，而对于“致远舰”是否是撞向“吉野号”，如今也有了新的说法。《国家人文历史》杂志 2014 年第 20 期就刊登文章《邓世昌撞的不是吉野舰》，其中写到中国海军史研究会的会员在 9 月 17 日黄海海战爆发 120 周年的日子专门进行了一场详细推演，最后得出的结论是“致远舰”几乎不可能撞向“吉野号”。因为当时“吉野号”正位于“致远舰”的舰尾后方，如果“致远舰”冲出队列想要撞击“吉野号”，除非调转 180 度方向，文中推测在当日下午 3 时那个中国近代海军史上最壮烈的时刻，“致远舰”冲击的目标是日本联合舰队的本队，这一举动要比冲击“吉野号”更为壮烈和危险。因为它面对的是比“吉野号”更为猛烈的炮火。真相的挖掘使得英雄形象更真实丰满，也更悲壮。

笔者所在的深圳卫视《军情直播间》栏目于 2014 年 9 月 16 日专门制作了一期节目《回溯 120 年：甲午黄海海战启示录》，试图通过现代电视手法来讲述那个不堪回首的甲午年。在同军事史专家的沟通过程中，我们了解到一个细节，黄海大海战开始前，日军在茫茫大海中先于清军发现对手，原因就是清军烧的竟是劣质煤，所以黑烟浓烈，直上云霄，日军远远就看到了。很多较量从一开始就决定了结果，那冒起的黑烟已经为岌岌可危的大清国提前敲响了警钟，甚至树起了墓碑。在那一场近代世界铁甲军舰的大对决中，北洋将士空有一腔热血报国志，终是血洒大海无人还。失败是注定的。

笔者想起陈可之先生创作的油画作品《中华英雄——邓世昌》，与原来的各种画作中完全不同的是，这张画中的邓世昌满面硝烟，却眼含热泪，那神情不是冲锋时的激昂奋勇，却是“有心杀贼，无力回天”的无奈与悲伤。

2014，中国人民解放军海军“海口舰”＋“和平方舟号”

2014年7月5日上午9时（美国当地时间），夏威夷珍珠港基地。

这个美国海军在太平洋最重要的军事基地，第一次迎来了中国舰艇的开放日。作为规模最大的国际海上军演，2014环太军演由于首次有中国海军编队的参演而显得格外引人关注。经过17昼夜、5 500海里的航行，中国人民解放军海军导弹驱逐舰“海口舰”与“和平方舟号”医院船顺利抵达珍珠港，等待着异国的客人光临。

作为深圳卫视特派记者，笔者和另外三名同事很幸运地见证了这个历史时刻。笔者首先登上的是“和平方舟号”医院船，感觉就像走进了一所正规的大医院，参观了抢救室、X光室、CT室、检验室，还有富有中国特色的中医针灸按摩室。我看见很多外国同行对中医很感兴趣，一直绕着那个写满各种穴位名称和画满经络图的人体模型拍照、研究。接着笔者登上了“海口舰”，第一次站在这艘中国自主研发的先进的导弹驱逐舰上，一种自豪感油然升起。防空导弹垂发装置整齐地在甲板排列，那被誉为中华神盾的相控阵雷达就在距离笔者几米高的地方，笔者甚至可以想象那些导弹呼啸而出，直上蓝天的凛凛威风。笔者当时激动不已，在出镜时甚至有些哽咽，因为在这异国他乡，看着那么多金发白肤的游客眼中的惊叹与钦佩，笔者才真正感受到什么是国威和军威。要想得到世界的尊重，需要真正的硬实力，这两艘船就是硬实力很好的展现，它们在一起就代表了中国的“和平崛起”。

仿佛是冥冥天意，2014年9月17日，就在甲午黄海海战120周年纪念日这一天，“致远舰”的打捞工作突然有了重大发现。辽宁省丹东海洋红港区一号沉船被发现，各种打捞出来的遗物证据显示，这艘船很可能就是“致远舰”。

而与此同时，完成环太演习任务的“海口舰”历经87个日夜，航行19 271海里，终于顺利返回海南三亚某军港。“和平方舟号”医院船则继续驶往南太四国执行“和谐使命-2014”任务，这也是“和平方舟号”医院船第四次执行和谐使命系列任务。也是在9月17日这一天，笔者看到一名跟随“和平方舟号”执行任务的海军记者朋友发在微信朋友圈的信息：

“6月初，舟山起航，出宫古、经关岛、直抵夏威夷，环太军演扬国威，再出征，先汤加，再斐济，瓦国之后是巴新，南太四国和谐行展大国风采，明天我们就要回家啦。”

透过那些从船上拍到的美丽海景照片，笔者仿佛看见时间正在倒流。倒流 120 年，看见那艘在黄海的硝烟中撞向敌人的“致远舰”和舰上满脸悲壮的邓世昌；倒流 600 年，看见那艘在茫茫大洋上航行的巨大宝船以及舰队之首挺立潮头的郑和。600 年时光流转，从纵横四海到折戟沉沙，再到又一次走向大洋，中华文明以自己特有的包容、坚韧、担当与勇气，完成了一次伟大的传承之旅。如今，它正以和平崛起的全新姿态走向世界。

黄　罡

从事电视新闻工作十余年，曾在中央电视台新闻中心参与新闻专题制作，2006 年任职于深圳广播电影电视集团新闻中心，参与策划制作《今日视点》《对话改革》《直播港澳台》《军情直播间》等栏目，热衷于挖掘新闻背后的人性故事。

私营军事力量：邪恶的雇佣兵？

朱江明

关于私营军事力量的话题，是近年来媒体炒作的焦点。当然，这个话题真的很酷。一个不属于国家而属于私人的武装力量，在热点地区展开各种各样的行动。他们的业务范畴包括反恐、扫毒、武装护卫，甚至直接参与地区武装冲突。这足以满足公众对于战争和军事行动的幻想，因为这与当代国际关系的基本规则并不完全相符。

在传统国际关系中，国际交往主体是国家和国际组织，现在这种关系正在被打破。过去安全和军事完全由国家垄断，现在却出现了挑战者。私营军事力量正在积极参与各种热点地区的武装冲突，甚至连美国也必须依靠那些私营军事承包商支持自己的战争。日本自卫队曾经参与伊拉克的占领行动，无论是出行还是最后的撤离，他们都雇佣私营军事人员参与。这些听起来很荒谬，正规军居然需要私营军事力量的保护？

有调查显示，在反恐战争中，几乎超过一半的参与者并非来自美国现役军人或者情报机构，而是来自私营军事公司。这不得不让人想起，在中世纪的欧洲，雇佣兵集团几乎拥有与国家相同的政治地位，他们广泛地参与欧陆各国的战争，甚至为了自身的利益而策动战争。欧洲三十年战争爆发后，瑞典国王古斯塔夫二世开始了常备军建设。这套制度在当时被证明是符合国家利益的，兵役制下的常备军，具备更强的战争动员能力且对国家的忠诚度更高，这使得瑞典一跃成为欧洲的军事强国。由于当时雇佣兵不仅毫无信誉，而且缺乏纪律约束、人员良莠不齐，最终现代国际法禁止了雇佣兵行为，这也宣告了历史悠久的欧洲雇佣兵时代结束。中世纪雇佣兵随着各国常备军的兴起而彻底成为历史。

在二战结束之后，人们发现私营军事力量仍有存在的价值，这类公司多以安保公司或者军事承包公司的名义出现。冷战结束后，东西方集团各自进行了大规模的裁军，大量军事及情报人员失业。同时，由于东西方对峙结束，除核心利益地区之外的边缘地区，两大集团提供的安全保障全部消失，这导致此类地区出现了严重动荡。20 世纪 90 年代的巴尔干地区战争以及现在中东的乱象，都是泄压后的结果。这本该是联合国解决的问题，然而联合国维和部队的派出门槛却相当高，资源也极为有限，这导致很多第三世界国家转向私营军事力量求助。

从历史的角度来看，原有的高压或对峙结束之后，权力真空必然导致长时间的局势动荡和武装冲突。尤其在宗教极端主义的催化下，此类地区冲突不仅有着区域特性，还同时存在全球扩张性。绥靖主义根本无法解决此类问题，私营军事力量能够灵活地在此类环境下发挥作用。那么这些私营军事力量在现代国际社会中正在承担什么样的功能，将会发生哪些新的变化呢?

不可靠的私营军事力量?

2001 年反恐战争爆发以来，关于私营军事力量的争论，就一直未曾消停过，真正使其进入公众关注焦点的事件是 2004 年导致伊拉克费卢杰暴乱的导火索。在执行押送任务时，四名黑水公司的武装雇员误入费卢杰地区伊拉克叛乱武装云集的地方，不仅全部被杀死，还被当地叛乱分子吊起尸体焚烧。现场画面被媒体传播之后成为国际舆论焦点，小布什总统决定彻底攻占费卢杰来惩罚凶手。此次事件标志着美国在推翻萨达姆政权后一系列施政的失败，被视为反恐战争的重要标志性转折点之一。费卢杰之战结束之后，真正获益的只有当地“基地”组织。他们通过煽动仇恨、制造混乱而获得了更多的支持，当地居民认为他们是一群信仰虔诚的抗争者。然而实际上他们却在挑拨当地不同教派的关系，因为仇恨才是恐怖分子生存的空间。“伊斯兰国”的领导人巴格达迪，就曾经是当地“基地”组织成员。也就是说，私营军事力量在费卢杰的一次行动失败，对于今天的中东局势仍然有着影响。黑水公司是伊拉克战争中标志性的私营军事力量，其雇员被杀引发了费卢杰之战，其武装人员在伊拉克犯下的战争罪行也导致私营军事力量的可靠性遭到严重的质疑。尤其在网络时代，私营军事承包商已经被视为现代流氓雇佣兵的代名词，他们开着武装越野车，穿着休闲服，杀人放火无恶不作，没有任何规则能够限制他们。这种根深蒂固的印象，让公众对于这个行业抱有天然的抗拒心理。实际上，伊拉克活跃着上百个类似黑水的私营军事公司，而破坏规则和滥杀无辜的情况并没有新闻渲染的那么普遍。

“棱镜门”事件的主角斯诺登也是私营军事承包商的一名雇员，他的叛逃和泄密给美国外交造成了极大的麻烦。在过去的情报战中，传统情报员的叛逃往往仅仅在秘密世界中流传。因为策动叛逃者的往往是敌对国家，为了保障相应人员的安全，此类行动策动者会隐瞒一些细节，甚至在叛逃初期对其行踪进行保密。像斯诺登这么公开地进行叛逃，在传统情报作业领域是没有的。更为糟糕的是，美国对于此类非政府雇员的惩戒措施并不多，只能按照叛国或者违反工作守则来进行，因为根据美国的法律，非政府人员或者非军事人员并没有替政府保护机密的法律义务。

冷战后美国情报机构大量裁员，反恐战争爆发之后出现情报人员短缺的问题，由于情报工作的专业性，临时扩招根本无法解决燃眉之急，于是只好启动外包业务，雇佣已经退休或者被裁员的情报人员来填补需求空白。最初这个措施被视为临时性措施，因为小布什政府原本预期反恐战争最迟将在 2005 年结束，没想到的是，这场战争似乎没有停止的迹象。

显然，现在军事私营公司的崛起，并非一个有计划的措施，而是在诸多因素影响下造成的奇怪现状。从某种意义上而言，这种现状并非任何政府或者机构的本意，也缺乏相应的配套制度约束。

私营军事力量是邪恶的雇佣兵吗?

尽管私营军事力量存在诸多问题，但没有任何从业者希望自己因此被定义为肮脏的雇佣兵，虽然两者看起来颇有相似之处。我们还要考虑到，时代和技术背景已经完全不同，现代私营军事机构的存在有其合理性。斯诺登事件让整个美国国家安全局的外包雇员蒙羞，也让我们必须承认一个事实，那就是美国国防部和情报机构其实离不开这些专业技术人员。美国公务员和军队有着相当不错的福利制度，但是收入水平绝对比不上硅谷。这导致美国情报机构其实无法在高端 IT 人才方面和硅谷的公司进行竞争，产业链结构决定民用市场远远大于安全市场需求，计算机和互联网人才更倾向于加入私营企业而不是终身效力于政府。即便就硬件而言，美国国家安全局也已经放弃了自行发展超级计算机的打算，转而和谷歌公司共同投资超级量子计算机。也就是说，在很多高精尖技术方面，美国政府和军队更需要私营公司提供协助。

另一个有趣的现象也同样说明了这个问题。神秘的51区在冷战中一直是高度机密（当然现在也是），冷战结束前从未有过那个地区的航拍照片，冷战之后51区的外观已经不是什么秘密。那是美国中央情报局和美国空军共同打造的超级武器实验基地，除了苏联公开了部分卫星图片之外，私营公司大规模进入这个领域也导致此类绝密资料无法保密。此前，在美国军方的卫星图片冲洗流程中，一名专司保密的中情局官员会专门挑出所有涉及51区的卫星图片，然后集中处理。冷战后这个流程依旧存在，然而军方却已经无法垄断所有的卫星图片。不仅如此，随着商业影像卫星的迅猛发展，美国军方和情报机构甚至将部分间谍卫星业务外包给了私营企业，其中就包括谷歌和数字环球两家著名的公司。显然现在商业公司的情报获取能力已经超过了国家主体，也就是说，公共安全和国家安全已经从政府的职能，变为一种混合型服务。服务供应者并不仅限于政府，私营企业也有可能参与，这导致“安全”变成了一个商业市场。

从亚丁湾打击海盗的军事行动可以看出私营军事公司确实有着独特的优势。与大航海时代的加勒比海盗相比，亚丁湾海盗的武装力量微不足道，只要少量的安保力量即可遏制这些海盗的攻击。但是出动军队的成本是非常高昂的，军队庞大的体系和行政成本并不利于执行此类任务。以一艘驱逐舰为例，从中国东南沿海的某个基地开往亚丁湾执行1个月的护航任务，成本可能高达上亿人民币。如果其护航的船队雇佣少量武装护航保安，总成本则可能只有区区几百万。

现代私营军事力量的存在和发展，具有相当的合理性。尤其是一些第三世界国家，仅靠自己的力量，其实无法建立有效的常备军来为其国民提供基本的公共安全产品。比如肯尼亚地区的反盗猎行动就雇用了大量私营军事公司的雇员，他们不仅拥有先进的越野车和夜视器材，还能出动无人机来进行大面积的搜索和侦察。对于肯尼亚政府而言，这些装备除了用于反盗猎行动之外，在国防领域使用未免过于奢侈，不如雇用私营公司更划算。类似的情况其实中国也曾经出现过，著名的可可西里反盗猎队最初就是地方志愿者组成的队伍。从性质上而言，这是一个典型的私营公共安全提供者，当时地方财政根本不具备支持警力长期打击盗猎者的财力，也没有足够的政府公务员编制去供养这些武装人员，烈士索南达杰的团队正好填补了这一空缺。

私营军事力量的作用和局限

从以上的论述可以看出，其实私营军事力量的应用，主要是满足两个领域的需求：

（1）正规军事或者情报力量力有未逮的领域；

（2）使用正规力量成本太高或者效率不足的领域。

反恐和反海盗等非传统安全领域的新问题，实际上都属于第二个对私营军事力量存在需求的领域。事情却并非那么简单，黑水等公司造成的负面印象导致整个行业处于舆论的严重不信任中。在未来的发展中，已经不仅仅是私营军事力量能够发挥何种作用的问题，而是如何避免他们的行为造成的负面影响。如果从客观中立的角度来看，发生人道主义危机并非私营军事力量的“专利”。在伊拉克活动的私营军事公司成百上千，真正核实的违反人道的行为只是少数。驻伊拉克美军也有类似的案例爆出，美国海军陆战队第一团第三营 K 连士兵，就杀害了伊拉克哈迪塞镇 24 名平民。1993 年索马里的联合国维和部队更是爆出了战争罪丑闻，有媒体披露，来自欧洲的维和部队士兵不仅参与虐待当地民众，更经常利用致命武力杀伤当地平民。事后，比利时、意大利等国家的司法系统展开调查，确认了这些指控。由此可见，在战场环境的高压下，无论是职业军人还是私营军事公司的成员，都有可能出现极端行为。没有证据显示私营军事公司的成员比职业军人更容易犯下战争罪行。

唯一与军队不同的是，在出现此类情况后，军队内部存在非常完善的司法系统，能够非常及时地做出司法调查和纠正，私营军事公司则可能利用管辖权的漏洞使得肇事者逃脱法律制裁。伊拉克当局收回了私营军事公司的司法豁免权之后，当地就再没有爆出类似黑水丑闻这样的事件。显然，更完善且具有威慑力的法律制度，是规范私营军事公司行为的最佳方法。

《蒙特勒文件》：私营军事力量国际立法

事实上这方面的国际立法已经开始并且卓有成效。为了规范国际私营军事及安保公司的行为，红十字国际委员会在 2006 年制定了《蒙特勒文件》。该文件已经被 17 个国家认可并且申报联合国备案，全球 600 多家大型私营军事及安保公司也都签署认同了该文件。整个行业已经意识到，如果无法解决法律方面的问题，这个行业将会面临灭顶之灾。

《蒙特勒文件》的出台标志着整个行业进入新一阶段的发展，私营军事力量正在从灰色地带转入正常的商业服务。尽管“伊斯兰国”在中东的崛起让很多人对于该组织的力量非常担心，但从现在的战事情况来看，“伊斯兰国”军队的战斗力其实并不算强大，只是伊拉克新军缺乏斗志且训练不足才导致该组织的崛起和壮大。事实上，这些极端分子没有能力战胜任何专业且具有斗志的建制军队。问题在于，美国此前深陷反恐战争泥沼，对于重新卷入中东战事存在很强的疑虑。短时间之内，伊拉克政府也没有能力把军队强化到正常水平，这实际上为私营军事公司提供了非常广阔的市场。

在完成法律准备后，一支合格的私营军事力量重返伊拉克将会对局势产生非常微妙的影响。派遣他们执行攻击任务可能并不会有太好的效果，但此类公司非常适合执行对重要建筑物或者据点的守卫任务。依托坚强的工事和足够的给养，私营军事公司的斗志和专业水平均可以发挥到最大，这也是伊拉克军队现在所缺乏的能力。

私营军事力量不可能独立于军队和情报系统而存在，他们只是作为公共安全及军事服务不足情况下的补充供应者而存在。我们必须注意到的是，这个行业依旧处于发展和增长的时期，对于这个行业的规范和制度化仍旧是国际社会讨论中的议题，未来类似黑水的丑闻仍将不可避免地出现，然而这些并不意味着这个行业将会面临灭顶之灾。

朱江明

军事评论员，专栏作家。中国人民大学国际政治学硕士、国际法博士。反恐及情报领域研究者，国际安全顾问。

二十年见证中国武器装备和军工企业的飞跃发展

郑继文

笔者在过去的二十多年一直在台湾地区传媒界工作，专门从事军事领域研究与报道，从小编开始干起，历经主编、总编辑，目前是台湾地区一家军事杂志的负责人，以及电视台的军事评论员，就资历来说堪称台湾地区传媒军武领域的老兵。

有幸的是，二十年来，笔者通过正式渠道多次进入祖国大陆采访若干与军事相关的活动，包括在 1999 年和 2009 年举行的两次天安门阅兵式，历届的珠海航展更是没有错过。同时，笔者的足迹几乎踏遍了欧、美、俄等军武科技先进的国家和地区，采访过著名的国际性航展与武器展览会，参访过许多国家的军事演习和阅兵活动，也探访过百余座各国军事科技与军事历史博物馆，还前往欧洲的若干二战著名战役地进行田野考察等。这让笔者累积了丰富的军事知识和采访经验。

国际安全形势与军事发展

笔者是从 20 世纪 90 年代开始从事军事采访工作的，当时正值国际安全情势发生巨大转变的时期。苏联和东欧集团相继瓦解，东西方冷战结束，使得人们觉得终于能免除世界核武大战的威胁。虽然世界和平并未真的降临，国际安全格局很快地从美苏冷战转为区域性冲突，不过欧、美、俄等主要国家和地区都不再需要支出高额军费，以采购大量先进武器和维持庞大的军队。

面对这样的国际安全形势变化，欧、美、俄都进行了大规模的裁军，并且大幅缩减了军费开支，使得原先为应对美苏冷战而建立的庞大军工产能被迫大幅收缩，导致这些先进国家和地区的军工体系很快面临寒冬，被迫进行痛苦的调整。对此，笔者借由过去二十余年来参访国际性航展和武器展览会所感受到的变化，亲眼见证到国际军工产业的兴衰变化。

以巴黎、范堡罗航展为例。20 世纪 90 年代中期以前是这些展览会最美好的时期，欧、美、俄军工企业都积极拿出最顶尖的作战飞机、各类型导弹、雷达和电子装备参加展览。像美国的 F-16 和 F/A-18E/F、苏联/俄罗斯的苏-27/30 和 MiG -29、法国的“幻影 2000”和“狂风”、欧洲多国合制的“台风”、瑞典的 JAS -39 等歼击机，以及“阿帕奇”、“虎式”、Mi-28 等武装直升机，这些技术最顶尖的作战飞机在展览会场争奇斗艳，在飞行表演节目中彼此较劲，笔者深觉当年采访这些国际性航展真是一大享受。

由于欧、美、俄都实施大幅裁军和缩减先进军事技术投资，这些国家和地区的军工体系掀起整并风潮，许多国际知名的军工企业陆续消失，或是多家企业合并后换了新招牌。自 20 世纪 90 年代中后期开始，这些变动所产生的结果开始在国际性航展和武器展览会浮现，各国军工企业参加展览会的态度逐渐转趋保守。加上鲜有大规模与全新的武器系统开发计划，这些展览会的质与量都愈来愈贫乏，与之前那种百家争鸣、创新求变的氛围不可同日而语。再举目前国际性航展所参展的歼击机为例，飞机型号与二十年前没有太大差别，虽然是性能改进型歼击机，但基本上仍是过去的老面孔，采访价值愈来愈低。

东西方军工体系的消长

欧、美、俄军工企业发展低迷，大幅减少投资先进军事技术，多着重在既有的技术框架下进行升级改良，包括作战飞机、水面作战舰和潜艇、坦克和装甲车辆、导弹系统等，在过去二十余年里鲜少研制出全新的武器系统或是载台。相对于欧、美、俄军工体系的收缩，中国则呈现出完全不同的另一番景象。虽然创新求变或许不足，但多年来积极追赶欧、美、俄，已大幅缩小与军工先进国家之间的技术差距。

中国军工发展之所以能高速追赶，迅猛发展的经济力量是关键。中国自改革开放以来，长期被压制的发展潜能得以激发，使得国家各方面发展都获得了举世称羡的成就。特别是进入 20 世纪 90 年代中期以后，国家经济加速发展，整体经济规模迅速扩大，并带动国家科学与工业技术蓬勃发展。拜国家经济迅猛发展所赐，中国军工企业获得了更多的资源，无论资金还是人才都比以往充裕很多。加上苏联解体后从俄罗斯、乌克兰两国获得的许多先进武器和军事科技的帮助，中国军工在较短时间内呈现出井喷式的惊人发展。

回顾过去的二十多年，中国在自主研制战略和常规武器上都取得了丰硕的成果，被公认为军事科技成长最快速的国家。在核威慑武器方面，东风-21 导弹、东风-31 导弹、巨浪-2 导弹、094 型核动力战略潜艇相继服役，充实了确保国家安全的战略武器库。在常规武器方面，多型战术导弹、巡航导弹、地空导弹、第三和第四代歼击机、空中预警机、重型运输机、无人机、“辽宁号”航母、新型驱逐舰和护卫舰、新型潜艇、新型坦克和装甲车辆等陆续问世和服役，提高了中国军队攻防一体的能力。另外，在具有重大军事潜能的“北斗”导航卫星、“高分”遥感卫星、新型运载火箭、载人飞船、反导试验、超高音速载台试验等方面也陆续取得成就，更给中国军队未来遂行高科技战争提供了技术保障。

虽然从整体来看，中国军工体系仍有许多有待精进努力之处，但是整个研发和制造体系完整，具备较高独立自主能力，能根据中国军方需求研制武器装备，并且有能力供应出口。与现今世界各国同行相比，中国军工尽管技术不是最拔尖的，但是衡诸中国历史、国情等客观条件来看，中国军工能获得目前的成绩确实是足以自豪了。

回顾两次天安门阅兵式看中国国产武器

中国军工体系不断茁壮发展，使得中国军队的武器装备获得了长足进步，与 20 世纪 90 年代以前所配备的“老旧、落后、钝重”的武器相比，现今中国军队的总体武器装备水平已有一两个时代的技术跃升。

对于中国军队在这段时期武器装备的快速进步情形，笔者因为工作之故更有切身的体会，特别是通过 1999 年和 2009 年两次天安门阅兵式的现场观察，有很深的感触。记得在 1999 年采访国庆阅兵大典时，当笔者站上面向天安门城楼左侧的采访观礼台，霎时被在天安门广场参加国庆典礼的数十万群众的大阵仗所震撼。当阅兵式伴随着军乐声展开时，参加阅兵式的中国军队配备国产的武器装备，精神抖擞、气势磅礴地通过阅兵观察台，笔者当时被中国军队所展现的壮盛军容所感染，内心激动不已。

中国军队当时配备最好的国产武器参加阅兵式，包括 96 式和 99 式坦克、履带式和六轮式步兵战斗车、多款自行式和牵引式火炮、履带式和轮式火箭炮、自行式和牵引式高炮、地空和舰空导弹、反舰导弹、东风-11 和东风-15 战术导弹、东风-21 中程导弹、东风-31 远程导弹等。从参加阅兵式的武器装备来看，中国军队已是一支机械化程度较高的军队，不过武器技术水平仍落后于欧、美、俄。此外，参加空中分列式的包括轰-6、轰油-6、歼-7、歼-8、苏-27、歼轰-7、强-5、直-9 和直-8 等，虽然展现了航空兵力攻防一体的能力，但是技术水平与欧、美、俄的距离比地面武器更大。

进入 21 世纪后，中国军工加速发展，在诸多高新技术领域获得突破，陆续研制出多项新型武器供应中国军队。笔者采访 2009 年天安门阅兵式，发现中国军队的武器装备在短短十年间竟已获得如此迅猛的发展，技术进步幅度远远超过同时期的欧、美、俄军队。参加 2009 年国庆阅兵大典的武器，新增包括新型两栖坦克、新型履带式和八轮式步兵战斗车、两栖步兵战斗车、空降步兵战斗车、新型自行式火炮、重型轮式火箭炮、自行式地空导弹、自行式岸舰导弹、先进机动雷达、机动化保障装备、无人机等。再度亮相的 96 式和 99 式坦克、东风-11 和东风-15 战术导弹、东风-21 中程导弹、东风-31 远程导弹等，也都是技术升级的改良型号，这些武器不仅具备现代机械化装备的高机动性、强大火力特质，还更多地融入了信息化技术成分。参加空中分列式的飞机新增歼-11、空警-200、空警-2000 等全新飞机，其他飞机也多是改良型号，已经缩短了与欧、美、俄航空部队之间的技术差距。

从珠海航展观察中国军工发展

通过两场规模盛大的国庆阅兵大典，笔者亲眼见证了中国军队在武器装备上的提升，短短十年间的巨大进步让全世界震惊。事实上，除了在天安门广场的亲身见闻，笔者更通过每两年举办一届的珠海航展，观察到了中国军工在航空、航天、兵工、电子等领域的技术变化。

至 2014 年，珠海航展已经举办过十届，笔者有幸每届都进行采访。回想在 1996 年举办的首届珠海航展，由于主办单位缺乏办展经验，国内外传媒都给予了不少负面评价，包括展场设施不佳、参观规划不良、配套交通不足等，甚至当时的珠海市区因为到处大兴土木搞建设而像是一个大工地，种种恶评让许多传媒看衰珠海航展。不过，笔者认为珠海航展的蜕变就像是二十多年来中国成长的缩影，初期受到诟病的问题早已克服。而且随着中国军工的快速发展以及各参展单位的积极配合，最近几届珠海展览办得有声有色，目前已是国际公认的指标性中国航展，成为中国军工向世界展示发展成绩的橱窗。

十届珠海航展的变化是巨大的，要细数改变得讲一个很长的故事。笔者在此以两三个领域作为代表，述说二十年来亲身观察到的中国军工的技术成长。

首先是参展的作战飞机。首届航展只有歼-7、歼-8、强-5、运-7 等，基本是 20 世纪五六十年代的技术；第十届航展有歼-10、歼-31、歼轰-7A、运-9、运-20、多款无人攻击机和无人侦察机等，这些现役和在研的飞机已经具备 20 世纪 90 年代以后的技术水平，与首届航展所陈展的飞机相比，已有两三个技术时代的成长。

在导弹和制导武器方面的技术变化更是惊人。首届航展虽有不少导弹陈展，包括地空、空空、岸防、舰载等导弹，但仅少数达到 20 世纪 80 年代水平，更多的只是 70 年代以前技术水平的老旧导弹，诸如 C-101、C-301 之类的先进导弹甚至未能量产，而中国机载制导武器更是还没问世。随着中国导弹的类别、型号愈来愈复杂，自最近三届珠海航展开始，已形成防空体系、制空体系、海防体系、对地作战体系、无人作战体系等导弹武器，并与其他作战平台实现联合作战，中国制导弹已达到世界先进水平。与此同时，中国的制导武器更是呈现井喷式发展，已有利用激光、红外线、卫星制导的家族化武器问世，使得中国军队在航空作战方面也具备类似欧、美、俄空军的精确制导攻击能力。

通过珠海航展来观察中国军工发展，近几届航展都有让外界惊奇的亮眼之处，例如第九届航展的武直-10 和武直-19，以及第十届航展的歼-31 和运-20。事实上，随着中国军工技术不断积累提升，未来势必给国际带来更多的惊叹号！

郑继文

现担任《亚太防务》杂志总编辑。自 1990 年开始在台湾地区军事杂志社与出版社工作，历任采访编辑、主编、总编辑等职务，发表过大量军事评论与文章，经常担任电视节目的军事评论员与嘉宾。

后　记

陈红艳

一

我听到一个故事，很受触动。

有两拨人，都在搬砖。问第一拨人：“你们在干什么?”他们说：“我们在搬砖。”问第二拨人，他们的回答是：“我们在建大教堂。”同样的搬砖行为，不一样的表达，传递的可不止是感觉。再想深一层，关键点在于，后者的搬砖，是有目标的，有远景的，有蓝图的，或者说，是被赋予了意义的。

正如我们《直播港澳台》团队，从 2006 年 5 月 1 日诞生，至今已经 10 年了。不管是做日播新闻还是周播专题或者年度重点纪录片项目，日复一日，年复一年，一个任务结束就必须清零，重新开始另一期。乍看去，我们就是“媒体工人”，就像在搬砖，但只要驻足回首，就会发现我们建起了“大教堂”。有时候，坚持就是能创造奇迹。不知不觉中，我们在世界范围内凝聚了国政领域一批优秀的学者、专家、评论员，我们的节目早就风行网络，成为视频点击量之王。我们的言论，获得了媒体同行、学界专家乃至决策层的关注和重视。

“作为专注涉外报道和国际新闻的评论类节目，深圳卫视《直播港澳台》等新闻节目都走在国内各大省级卫视的前列，其广阔的国际视野、客观的新闻态度和有品质的策划能力一度成为我授课时的经典案例。”中国传媒大学戏剧影视学院副院长、教授关玲说。在很多观众看来，每天晚上 10 点半，是“《直播港澳台》时间”，忠实的观众们会守候在深圳卫视，期待节目的开始。依托《直播港澳台》团队打造的一档日播新闻《直播港澳台》，三档周播专题《军情直播间》《决胜制高点》《关键洞察力》等“1＋3”系列节目，深圳卫视进一步凸显了新闻立台的实力，不仅创造了新闻节目的收视传奇，而且打破了新闻收视不如电视剧和综艺节目的业界规律，在娱乐泛滥的电视行业大潮中，鲜明地树立起坚持理性、富有建设性的高品质卫视形象。

现在，10 年了，我们看起来仍然在“搬砖”，但我们心中始终揣着蓝图。我们已经有了“大教堂”的雏形，看到了梦想在逐步逼近天空。我们有很年轻且富有激情的团队，有探索的好奇心，追求专业、追求深刻、追求有趣。我们的工作，需要雄心，需要韧劲，还需要一些浪漫、想象力和格调。

实事求是地说，我们的节目还有很多需要提升之处，未来要走的路还很长。但至少，我们始终在琢磨着，怎么来给“大教堂”画上《创世记》的壁画。

二

如您所见，我们深圳卫视《直播港澳台》“1＋3”系列节目组的一些嘉宾、评论员的智慧，组成了这本书。

他们每个人写了一篇文章，展示了在各自研究领域的前沿思考。这本书本身就是一部非常优秀的国际时政评论集，国际政治中的热点——中美政治、中日关系、恐怖主义问题、南海问题、乌克兰问题、美俄关系、区域安全等，都被纳入其中。此书站在中国国家利益立场，看待国际局势中的风云变化，分析每个细节带来的种种可能性，展望未来五年国际时局中的微妙变化。不过需要指出的是，由于篇幅所限，每位作者只能贡献一篇文章，这只是他们深厚学养的小小呈现而已。

但是，我坚信，这些精华，是我们这座“大教堂”中不可忽略的部分。在节目中，有记者直击的现场片段，有编辑制作的 3D 动画，有主持人的个性讲述，但不可忽视的，更是这些思想的光芒。只不过，由于电视媒体的局限性，这些光芒稍纵即逝，一闪而过。很多嘉宾的观点、见解，我们过了一段时间回看，往往会为其料事如神的前瞻力惊叹，这是何等的珍贵！比如乌克兰、叙利亚局势的走向，比如奥巴马任期的曲折发展，比如南海问题的种种暗涌，都分析得入木三分。正是因为这些独到的分析，不少受众才关注、喜爱我们的节目，甚至由此给予我们团队宝贵的信赖。所以，不能让思想“流走”，一定要将它们记录下来。我下了决心。这也是我们编这本书的初衷。

三

我记得，曾任英国首相的撒切尔夫人说过：“中国不会成为超级大国，因为中国没有那种可以用来推进自己的权力、从而削弱我们西方国家的具有国际传染性的学说。今天中国出口的是电视机，而不是思想观念。”

这暗示了一点，要想掌握舆论场上的话语权，最关键的就是提供有质量的思想。没有内涵的话语，走不了多远；不具信服力的观点，难以广泛传播。作为中国媒体，我们应当做怎样的国际时政节目？撒切尔夫人的话虽然刺耳，却一直惕厉着我们。

中国倡导构建国际新秩序，打造“命运共同体”，不同传统和观念的国家，相互沟通，建立合作，争取理解。这顺应了国际社会的呼声，但也面临诸多考验。构建有价值、有内涵的传播方式，是关键所在。正如不少有识之士倡导的，我们必须有勇气肯定中华文明的价值体系，捍卫自己的“文化主权”，形成当代中国新的现代国家核心价值理念，以此来提升中国的文化软实力。我们的世界观、天下观，用现在的学科术语来说就是当代中国的国际关系理论。我们要建立自己的理论体系，就要提升话语质量、增强发声效果。

所以，我们就把“中国在发声”当作这本书的副标题，以“直说”为主题——一个“直”字，既表达了我们积极参与构建中国对外传播话语体系的态度，也与我们《直播港澳台》节目团队的首字相呼应。想来，我们要造什么样的“大教堂”，读者诸君至此也就略知一二了。

四

本书的出版工作一波三折。早在几年前，我们就有了这个初步的想法，但一直没找到合适的执行者。直到2014年秋天，邀约多时的政治学博士马立明终于加盟我们团队，我便请他作为召集人，拉起了一支图书编辑团队。之后，在约稿期间，我们的作者——国际政要、各大高等学府和知名智库的学者以及我们团队的独家评论员及驻外记者等，在百忙之中抽空撰文。要在几千字的篇幅中将国际局势梳理清楚，是非常考验功力的事。有的作者细心耕耘了两个多月，才将文章郑重发过来。有的作者迟迟不动笔，一直在寻找角度、酝酿表达。对于我们的约稿请求，作者们都非常重视。在截稿时，他们都将极富学术含量又契合电视节目通俗易懂规则的稿件交到了编辑手中。当我在出差的航班上翻看书稿时，阅读的愉悦与心中的感动足以消除长航的劳顿！特别要提到的是编辑团队的几位同事，不管是马立明还是其他编辑，都不是专职编书，而是身兼数职，一边做日常的节目，一边约稿子、做翻译、忙校对，靠“白加黑”“5＋2”的节奏运转，才将书稿编辑完毕。

我非常感谢各位作者的鼎力配合，他们为本书点亮了智慧的火把。感谢中国人民大学出版社编辑周莹女士，是她的努力与争取，让我们的书得以问世。感谢国务院参事，原深圳市委常委、宣传部长王京生先生为本书作序，他为“中国发声”的未来描绘了一个既宏大又有具体路径的蓝图。感谢马立明博士率领的编辑团队，是他们无私的付出，才让我的构想变成了实实在在的图书。感谢深圳广播电影电视集团岳川江总裁、苏会军总编辑、刘璋飙总经理、李也平副总编辑、苏荣才总监等各位领导，在出书过程中，他们一直给予我们团队鼓励、支持和指导。最后，当然要感谢您——读者诸君，感谢您捧起本书，感谢您对深圳卫视《直播港澳台》团队的信赖。

（作者为深圳广播电影电视集团新闻中心执行总监、深圳卫视《直播港澳台》团队总制片人）

图书在版编目（CIP）数据

直说：中国在发声/《直播港澳台》节目组编 .—北京：中国人民大学出版社，2016.10

ISBN 978-7-300-23452-6

Ⅰ.①直… Ⅱ.①直… Ⅲ.①国际关系-研究 Ⅳ.①D81

中国版本图书馆 CIP 数据核字（2016）第 237286 号

直说：中国在发声

《直播港澳台》节目组 编

Zhishuo：Zhongguo zai Fasheng

出版发行	中国人民大学出版社		
社　　址	北京中关村大街 31 号	**邮政编码**	100080
电　　话	010－62511242（总编室）		010－62511770（质管部）
	010－82501766（邮购部）		010－62514148（门市部）
	010－62515195（发行公司）		010－62515275（盗版举报）
网　　址	http://www.crup.com.cn		
	http://www.ttrnet.com(人大教研网)		
经　　销	新华书店		
印　　刷	北京中印联印务有限公司		
规　　格	170 mm×240 mm　16 开本	**版　　次**	2016 年 10 月第 1 版
印　　张	15　插页 1	**印　　次**	2016 年 10 月第 1 次印刷
字　　数	233 000	**定　　价**	39.80 元